はしがき

　被服心理学の大学，短期大学の教科書を目的として，「装いの心理」（アイ・ケイコーポレーション，2003年）を出版して以来14年余り経過したが，この度，内容を充実し共著により，新版「装いの心理と行動」を出版することになった。

　着装，購買，選択などの衣生活に関する心理と行動を，心理学，社会学，社会心理学などの視点から研究する分野に被服心理学がある。私たちが日ごろ行っている着装行動は，さまざまな心理的あるいは社会的な要因の影響を受けている。これらの要因は，個人，対人，集団，社会・文化などのレベルからとらえることができる。

　個人のレベルでは，例えばその人のセンスにより着装のしかたは影響され，また，どのような価値観や欲求をもっているか，どのような性格なのかにより着装のしかたは異なる。対人のレベルでは，他人に対して良い印象を与えたい，魅力のある服装をしたいというように，他者との関係で着装行動が行われる。集団のレベルでは，学校や職場における制服の着用のように，集団規範に影響される。また，社会・文化のレベルでは，例えば結婚式では白系のネクタイ，葬式では黒系のネクタイの着用のように，社会規範に影響される。

　本書は，1章から12章までの各章，および巻末の付録から構成されている。これらの各章に関して，1，2の複合的要因のレベルの章を除いて，着装行動の要因を個人的要因（欲求，感覚・感情，自己概念など），対人的要因（情報伝達，印象形成など），集団的要因（集団規範など），社会的・文化的要因（社会的役割，社会規範，流行など）へと，だんだんに大きい次元の対象について解説していく形式をとっている。また，被服心理学の寄与・活用の視点を含めて，11，12章の後章で，購買心理，心のケアの問題について記述している。

　各章にはいくつかの研究事例もあげられているが，このような研究事例は多種多様にわたるので，それらのなかから適宜に事例を補足して頂きたいと思っている。また各章には，コラムを掲載しているので，コラムについても一読して頂きたい。

　本書の巻末には，付録として「被服心理学の研究手法」，「心理的測定尺度」，「統計的手法」を掲載しているが，これらは本書で用いている調査法，心理的測定尺度，統計的手法を中心に各章の記述を補足するために，できるだけ平易に解説したものである，

衣に関する表現には「衣服」,「被服」,「服飾」,「服装」,「装い」など多くの用語があるが,「衣服」と「被服」については,特殊な場合を除き本書では「衣服」を用い,また,衣服が着装された状態では「服装」,「服飾」,「装い」などを用いている。

　前述したように,本書は大学,短期大学における被服心理学関係の授業の教科書を目的としたものであるが,「装いに関する心理的問題」を知るための参考図書としても利用できるものと思っている。

　終わりに本書の刊行にお力添え頂きましたアイ・ケイコーポレーションの森田富子氏,ならびに編集にご協力頂きました方々に厚く御礼申し上げる。

平成29年4月

執筆者を代表して　小林茂雄

目　次

1章　欲求・選択動機と装い ──────────── 小林茂雄
1. 欲求の分類 …………………………………………………… 1
2. 欲求の階層理論 ……………………………………………… 2
3. 欲求の階層理論の適用例 …………………………………… 3
4. 衣服の選択動機 ……………………………………………… 5
   - コラム1　欲求理論と職業の機能　8
   - コラム2　マズローの高次欲求論　9

2章　感覚・感情と装い ──────────── 内藤章江
1. 感覚と感情 …………………………………………………… 10
2. 衣服の感覚的特性 …………………………………………… 10
3. 衣服と感情 …………………………………………………… 13
   - コラム　パーソナルカラー　20

3章　自己概念と装い ──────────── 小林茂雄
1. 装いと自己との相互作用 …………………………………… 21
2. 身体イメージと装い ………………………………………… 24
   - コラム1　フランス，痩せすぎモデルを禁止する法案を可決　28
   - コラム2　肥満の物差し　29

4章　印象形成・対人認知と装い ──────────── 内藤章江
1. 情報伝達と服装 ……………………………………………… 30
2. 印象形成と服装 ……………………………………………… 31
3. 印象操作と服装 ……………………………………………… 35
   - コラム1　第一印象には「過去の記憶」が影響する　38
   - コラム2　自分に「好意」をもってくれた相手には，その好意を返したくなる　38

5章　場と装い ──────────── 内田直子
1. 服装と場の関係 ……………………………………………… 39
2. 服装の場違い感 ……………………………………………… 40
3. 服装とパーソナルスペース ………………………………… 43
   - コラム1　なわばり研究　47
   - コラム2　装いと着席位置の選択　47

6章　集団と装い ──────────── 孫　珠熙
1. 集団規範と着装行動 ………………………………………… 48
2. 学生の制服（洋服） ………………………………………… 48
3. 高校生の制服行動の研究事例（東京都と地方の比較） …… 49
4. 自由記述の分析（テキストマイニング）事例 …………… 52
5. 浴衣；スローファッション（和服） ……………………… 54
   - コラム1　フランス革命に「サン・キュロット」がもたらした自由　57
   - コラム2　ニュールックの影響と女子の社会進出　57

7章　社会的役割と装い ——————————————— 小林茂雄
1 社会的役割とは……………………………………………………………58
2 社会的役割と服装…………………………………………………………59
　　コラム1　ジーパン論争　65
　　コラム2　「女性はスカート」英国で論争　65

8章　社会規範と装い ——————————————— 内田直子
1 社会規範の種類……………………………………………………………66
2 社会規範の基準に影響される装い………………………………………68
3 社会規範の変容……………………………………………………………69
　　コラム1　日本での髭や入れ墨と社会規範　72
　　コラム2　ヨーロッパ諸国のブルカ着用事情　73

9章　流行と装い ——————————————— 藤田雅夫
1 流行の特質…………………………………………………………………74
2 流行の普及のプロセス……………………………………………………74
3 流行の採用者カテゴリーモデル…………………………………………76
4 流行採用の動機……………………………………………………………77
5 流行の文化的・社会的要因………………………………………………78
　　コラム　ファッションの変遷(表9-1)の補足　82

10章　化粧の心理 ——————————————— 藤田雅夫
1 化粧の起源…………………………………………………………………84
2 化粧とは……………………………………………………………………84
3 化粧の役割…………………………………………………………………85
4 化粧品の役割………………………………………………………………86
5 化粧の意味…………………………………………………………………87
6 化粧の心理的効用…………………………………………………………87
7 化粧行動と意識……………………………………………………………88
　　コラム　アロマセラピーとアロマコロジー　91

11章　装いと購買行動・心理 ——————————————— 藤田雅夫
1 現代の衣生活における消費者心理と市場環境…………………………92
2 消費者の購買行動と心理…………………………………………………93
3 購買行動とマーケティング………………………………………………95
4 ブランドの心理的効用……………………………………………………96
　　コラム　購買行動を変えるフリマアプリ　100

12章　心のケアと装い ——————————————— 孫　珠熙
1 高齢者と装い………………………………………………………………101
2 ファッションが心に及ぼす影響(ファッションセラピー)……………103
3 健康と化粧(メイク)………………………………………………………106
　　コラム1　グローバルSPAとは　109
　　コラム2　ファッションセラピー(Fashion Therapy)　109

　付録1　被服心理学の研究手法……………………………………………110
　付録2　心理的測定尺度……………………………………………………112
　付録3　統計的手法…………………………………………………………119
　索　引………………………………………………………………………121

1章　欲求・選択動機と装い

1　欲求の分類[1,2]

欲求（needs）とは，私たちの行動を引き起こす要因となるものであり，生理的あるいは心理的不満や不足の状態にある場合には，これらの状態の解消を求めて欲求が生じる。欲求の分類の一つに，1次的欲求（primary needs）と2次的欲求（secondary needs）に分ける考え方がある。

1次的欲求は生理的欲求ともいい，例えば，食欲，性欲，苦痛からの回避などがある。衣服の場合について考えると，寒さから身を守るために厚着になる，暑さから身を守るために薄着になるという衣服による寒暑の調整は1次的欲求である。これに対して2次的欲求は社会的欲求ともいい，例えば，所得欲，名誉欲，優越欲などがある。衣服の場合について考えると，もっと多くの衣服が欲しい，ブランドの衣服，流行の衣服を着たいなどは2次的欲求である。

1次的欲求は生得的な欲求，2次的欲求は習得的な欲求であり，前者の欲求に比べて後者の欲求のほうが，個人差は大きいといえる。

表1-1は，生理的欲求（1次的欲求）と社会的欲求（2次欲求）の視点から分類したものである。

表1-1　生理的欲求と社会的欲求

```
1. 生理的欲求（1次的欲求）
   (1) 個体保存の欲求（自己保存欲）              動　機
      1) 飲食欲 ·························→ 嗜好
      2) 回避の欲求 ·····················→ 恐怖心
      3) 安息欲 ·························→ 休息・睡眠の欲求，娯楽の欲求
      4) 活動の欲求 ·····················→ 労働・スポーツの欲求
   (2) 種保存の欲求（性欲） ·············→ 異性愛，恋愛
2. 社会的欲求（2次的欲求）
   (1) 集団性の欲求 ······················→ 模倣心
   (2) 自我実現の欲求
      1) 自我承認の欲求 ←··············→ 自尊心，羞恥心，廉恥心
      2) 自我表現の欲求 ················→ 創造欲
   (3) 自我拡大の欲求
      1) 獲得欲 ·························→ 打算心，投機心，貯蓄心
      2) 所得欲 ·························→ 蒐集欲，独占欲，執着心
      3) 名誉欲 ←······················→ 虚栄心，嫉妬心
      4) 優越欲 ←······················→ 競争心，闘争心
      5) 愛情の欲求 ·····················→ 家族愛，愛他心
      6) 知識欲 ·························→ 探究心，好奇心
```

出典：柏木重秋著：「消費者行動」，p.55，白桃書房（1985）

欲求について考える場合，アメリカの心理学者であるマズロー(A. H. Maslow, 1908〜1970年)を抜きにして語ることはできない。欲求の包括的な分類の典型として，マズローの欲求の分類がある。

①**生理的欲求**：生理学的機能に不可欠な生理的欲求である。
②**安全の欲求**：恐怖，苦痛，不快から逃れたいという欲求であり，安全・安定の欲求ともいう。
③**所属と親和の欲求**：帰属，受容，愛情と関係した欲求であり，社会帰属の欲求ともいう。
④**尊敬と承認の欲求**：威信，著名，承認と関係した欲求であり，自我の欲求ともいう。
⑤**自己実現の欲求**：自己表現，行動への活力，自己達成と関係した欲求である。
⑥**知識への欲求**：好奇心，達成欲，自己感性と関係した欲求である。
⑦**審美的欲求**：美，調和，秩序の鑑賞の欲求である。

マズローの分類について，1次的欲求と2次的欲求の面から考えてみると，生理的欲求，安全の欲求は1次的欲求に属し，所属と親和の欲求，尊敬と承認の欲求，知識への欲求，審美的欲求は2次的欲求に属する。したがって，1次的欲求は生理的欲求ともいうと前述したが，この場合の生理的欲求は，マズローの分類の生理的欲求よりも広義に用いているといえる。

2　欲求の階層理論[1), 2)]

欲求の階層理論は欲求の間には階層があり，低次の欲求が充足されて初めて高次の欲求が顕在化するというものである。マズローは前述の欲求の分類のなかから，①生理的欲求，②安全の欲求(安全・安定の欲求)，③所属と親和の欲求(社会帰属の欲求)，④尊敬と承認の欲求(自我の欲求)，⑤自己実現の欲求の5つの欲求を取り上げ，欲求の階層理論を提唱した。この理論では，①〜⑤の欲求は互いに層をなして存在しており，①，②，③のような低次の欲求がある程度満たされない間は，④，⑤のような高次の欲求は強まらないとしている。逆に考えれば，①，②，③のような低次の欲求が満たされても，人

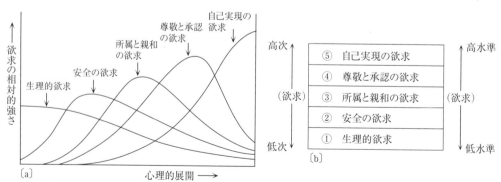

図1-1　マズローの欲求階層理論

間はそれだけでは満足せずに④，⑤のような，より高次の欲求を求めるようになるとしている。

図1-1は，マズローの欲求の階層理論を示したものである。

人間は貧困な状態では，当面の飢えをしのぐことに関心があるが，この欲求が満たされると，将来の生活を含めて，安全・安心感の欲求がでてくる。この種の生理的・心理的欲求が充足されると，次に人間生活での所属と親和の欲求がでてきて，さらに尊敬と承認の欲求へと移っていく。そして，人間にとってさらに高次の自己実現の欲求を求めることになる。

衣服の場合を例にして具体的に考えてみる。衣服は当初は寒さを防ぐこと(生理的欲求)，害虫や転倒などの外傷から身を守ること(安全の欲求)が中心であった。その後，人間生活の発展につれて，仲間集団に入って人々と親しくなるために，人並みの衣服を着るというエチケット的な働きにウエイトが移っていくことになる(所属と親和の欲求)。この欲求が満たされると，流行の衣服，他人よりも良い衣服を着用して，他人から認められたい，賞賛されたいという優越感(自尊心)の満足が重視されるようになる(尊敬と承認の欲求)。その後，さらに進んで流行のなかにも個性を生かした衣服を求めるようになり，手作りの衣服を着用し自分らしさを表現するなど，自己表現の意味合いが強くなっていく(自己実現の欲求)。

マズローは欲求の階層理論を提唱した後，この階層理論を発展させて高次欲求論[3),4)]を提唱している。この理論では，欲求を立体的な層構造としてみるにあたって，欠乏欲求と成長欲求という考えを導入している。欠乏欲求は精神的，身体的な欠乏状態によって生じ，外界の資源で補おうとするものであり，充足すると行動は終了する。これに対して，成長欲求は自らのなかに余ったエネルギーを外界の価値ある対象に充当させ，成長しようとするものであり，充足されても行動は終了することはない。欲求の階層理論では自己実現の欲求のみが成長欲求であり，生理的欲求，安全の欲求，所属と親和の欲求，尊敬と承認の欲求はすべて欠乏欲求であるとしている。欠乏・成長欲求の立場から欠乏欲求は一括にまとめられ，成長欲求と欠乏欲求は同じウエイトをもつものとして扱われている。また，愛情の欲求については，欠乏・成長欲求の分類から，愛されたい欲求は欠乏欲求に，愛したい欲求は成長欲求に分けて考えている(コラム2. マズローの高次欲求論 p.9参照)。

3　欲求の階層理論の適用例

(1) 流行採用の心理

マズローの欲求の階層理論は，流行採用の心理を説明するのに用いることができる。流行を採用する場合，早い時期に採用する人もいれば遅い時期に採用する人もいる。早期の採用者は尊敬と承認の欲求，自己実現の欲求の強い人で，流行を他人よりも早く取

り入れることにより，優越感が自尊心として働き，また他人と自分を区別したい，自分らしさを表現したいという個性化の要因として働く。これに対して，後期の採用者は流行が広まると，その社会の流れにのりたいという所属と親和の欲求から，帰属意識が同調化の要因として働く。

流行が普及した時期には，早期の採用者は尊敬と承認の欲求や自己実現の欲求を満たすことができず，流行の採用を取りやめることになる。このように流行採用の心理は，優越感や個性化の意識と，帰属や同調化の意識との関係としてとらえることができる。雪村，今岡[5]は同調欲求，差別化欲求が，ファッション採用に及ぼす影響について報告している。ファッションの採用に関する同調欲求尺度と差別化欲求尺度を作成し，大学生の被験者について得点化している。これらの尺度とファッションの採用時期との関係については，ファッションの採用時期には差別化欲求が大きく影響すること，男子学生よりも女子学生がファッションを積極的に採用するのは，差別化欲求の強さの違いが影響していることを示している。

（2） 経済の発展と消費者行動の心理

消費者行動には欲求が深くかかわっており，経済の発展と消費者行動の心理の関係は，マズローの欲求の階層理論を用いて説明することができる。図1-2は，欲求の階層理論の考え方を適用しながら，経済の発展の変遷を示したものである。

終戦〔1945（昭和20）年〕直後の一時期は，生きていくための最低限の衣・食の入手という生理的欲求がすべての時代であった。衣服については丈夫で長持ちすることがまず求められた。やがて食生活や衣生活がある程度充足されてきたが，安全・安心感の基盤となる住居の確保は，その後も長期間にわたり消費者の最大の関心事であり続けた。このような昭和20年代はマズローの階層理論からは，消費者は生理的欲求や安全の欲求に目が向いていた時代といえよう。

昭和30年代に入ると家電ブームが始まり，人々は三種の神器とよばれた冷蔵庫，洗濯機，テレビの購入に関心が集まり普及していったが，これは人並みの生活に憧れる社会帰属の欲求によるといえる。昭和30年代後半から昭和40年代にかけて，わが国の経済は高度成長期を迎えた。カラーテレビ，クーラー，カーの3Cはじめ，差別化をはかった各種の高価格製品が購入されたのは，ステータスシンボルを求める自尊心の欲求の影響と考えることができる。

1973（昭和48）年の年末に，「石油ショック（オイルショック）」がわが国の経済をおそった。人々はこぞって生活必需品を買いだめしたため，例えば，トイレットペーパーはあっという間に市場からなくなってしまった。この石油ショックは，生活意識を大きく変化させる契機となった。この石油ショック以降，人々の生活意識は量的充足から質的充足に，すなわち「物の豊かさ」から「心の豊かさ」を求めるようになり，また価値観や欲求の多様化が進み，自己実現の欲求の時代へと推移していくことになる。

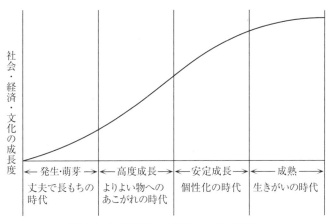

図1-2　社会的変遷とマズローの欲求理論

4　衣服の選択動機[1), 2)]

(1)　1次的動機と2次的動機

欲求は行動の基礎をなすものであるが，欲求をもっただけでは行動は起こらない．行動を起こすためには，欲求を満たすために何かをしたいと思わなければならない．このそう思う心の状態になることを動機づけ(motivation)という．したがって動機づけとは，ある目標に向かって行動を方向づけることである．

生理的欲求は身体の生理的均衡状態(ホメオスタシス，homeostasis)の回復ないしは維持をめざして，行動を動機づけする．これと同じ考え方が社会的欲求にも適用できる．人々は自分が期待する状態，あるいは慣れ親しんでいる状態と現実とを比較して，ずれを認知すると，これを望ましい状態に近づけるような行動に動機づけられると考えることができる．

衣服の選択動機は，1次的動機(primary motives)と2次的動機(secondary motives)に大別することができる．1次的動機は，人間はなぜ衣服を着用するようになったかという衣服の選択に関する根源的，あるいは生得的な動機であり，この着衣起源の動機は原始的動機ともいう．これに対して2次的動機は，例えば，パーティにはどのドレスを着ていこうか，このスーツにはどんなネクタイが似合うかというような，私たちが日常生活で行っている衣服選択の動機である．

衣服の1次的動機については，次に述べる(2)動機の本能説で諸説の考え方を記述する．

2次的動機については，前述した2次的欲求に関係する動機は2次的動機である．人々が日ごろ行っている着装行動は，さまざまな心理的，社会的，文化的な要因の影響を受けている．これらの要因は，個人，対人，集団，社会，文化のレベルに分けてとらえることができる．例えば，個人的要因としては，感覚・感情，自己概念，欲求，価値観な

どが，また対人的要因としては，印象形成や対人魅力などが，集団的要因としては，集団規範などがあげられる。さらに文化的・社会的要因としては，流行，社会的役割，社会規範などがある。これらに関係するさまざまな習得的な要因により，衣服選択の動機づけがなされる。

現代の社会においては価値観が多様化しており，また欲求も複合化しているので，衣服の選択動機も多面的になってきているといえる。

(2) 動機の本能説

1次的動機に関する着衣起源の動機には，身体保護説，装飾説，魔除け説などのいくつかの説がある。

① 身体保護説

虫や獣，あるいは一般の敵から身体を守るために，衣服を着用するようになったとする説である。この説に近いものに環境適応説(環境順応説)がある。これは自然環境にうまく適応するために，衣服を着用するようになったとする説である。環境適応説は身体保護説を広義に考えれば，この説のなかに含めて考えこができよう。

② 装飾説

審美的手段として衣服を着用するようになったとする説であるが，装飾説を人間の集団や社会の観点からとらえたものに象徴説がある。人間の本能には集団に同化しようとする本能と，集団から孤立して優位に立とうとする本能が同在している。同化象徴は集団の結束を，異化象徴は自己表示を意味し地位や階級の象徴となる。性的魅惑説(異性吸引説)は，異性に対して目立ちたいこと，関心を引こうとすることが衣服着用の動機となったとするものであり，装飾説の延長と考えることができる。

③ 魔除け説

悪魔や病魔から身を守るためのお守り的な意味から，耳輪，首飾り，腰帯を身につけたことが，衣服着用につながったとする説であり，呪術護符説という。腰に巻きつけた腰紐が衣服発生の起点であり，それに武器や獲物をつるしたり，局部をおおったりするものへと発展したとする説は紐衣説であり，呪術護符説の延長とみることができよう。

④ 羞恥説

恥じらいから裸体をカバーするために衣服を着用するようになったとする説であり，旧約聖書のアダムとイブの物語に帰するものである。しかし，羞恥心は時代，地域，民族，宗教などによってさまざまであり，定説とはなりにくい。

このように衣服着用の動機には諸説があるが，確定的な説はなく，これらの説の複合と考えるのが妥当であろう。どの説が大きく作用しているか，その配分は時代や地域などの要因により異なるものである。

参考文献

1) 小林茂雄著:「装いの心理」, p.3-8, アイ・ケイコーポレーション(2007)
2) 被服心理学研究分科会編:「被服心理学」, p.19-28, 「被服の選択動機と欲求」(小林茂雄執筆), 繊維機械学会(1998)
3) 上田浩一著:「人間の完成—マズローの心理学研究—」, p.59-100, 誠信書房(2003)
4) フランク・ゴーブル著(小口忠彦監訳):「マズローの心理学」, p.59-84, 産業能率大学出版部(2004)
5) 雪村いずみ, 今岡春樹:同調欲求, 差異化欲求がファッション採用に及ぼす影響, 繊維製品消費科学会誌, 43, p.707-713(2002)

1. 欲求理論と職業の機能

　人間は程度の差こそあれ，物質的なものへの欲求と精神的なものへの欲求を併せもっており，そのどちらが支配的な欲求となるか，そこには一定の秩序がある。アメリカの心理学者マズローによれば，人間の欲求は階層構造をなしており，①生理的欲求，②安全・安定の欲求，③親和的欲求などの低次欲求が満たされると，④自尊（自我）の欲求，⑤自己実現の欲求という高次欲求が，順次活性化しはじめるという。

　上述した精神的なものへの欲求とは，この自己実現の欲求にほかならない。自分自身の能力を発揮すること，何かが起こることを受身的にただ待つだけではなく，自分をとりまく環境に働きかけ，それを変化させ，何事かを成し遂げていく。これが自己実現の過程であり，職業がもつ基本的な役割・機能の一つである。

　職業には，生計の維持，役割の実現，個性の発揮の機能がある。何のために働くのかと聞かれて，多くの人は「食うため」，「家族を養うため」，「出世するため」（この回答は減少する傾向にあるが）と答えるであろう。このように，普通には何かを実現する手段であると考えられている。「社会のため」という場合も，職業は一つの手段になっているのである。生計の維持，役割の実現はそうした手段としての職業の機能である。

　これに対して，「自分の力を試すため」というのは手段というよりも，それ自体が目的である。個性の発揮はそうした目的としての職業の機能である。仕事に没頭できるとき，仕事そのものの営みのなかに喜びや生きがいを見いだせるとき，ひとことでいえば仕事に生きることができるとき，その仕事を通して自己実現を果たすことができ，人間らしく生きていることを実感するのである。それは，自分の職場や知人と良好な関係にあるときに感じる満足感や幸福感とは多分に異なる性質のものであり，これこそ自己実現による充実，生きがいなどからくる満足感や幸福感である。個性の発揮という職業の機能に注目して，職業の選択を考える傾向は強くなってきているといえる。

出典：高木修編：「社会心理学への招待」，p.126-127．有斐閣(2000)を一部修正して作成

2. マズローの高次欲求論

マズローの心理学では，欲求あるいは動機の理論において高次の成長欲求(動機)を重くみており，成長欲求(動機)の必要性を強調している。人間には，真・善・美をはじめ，多くの普遍的な価値を求めようとする傾向があり，それらはいずれも自己実現という高次欲求の明確な動機としてあらわれる。マズローは人間性そのもののうち最高の価値とされるB価値(Being Value；存在価値)として，いくつかの価値をあげている(下図参照)。これらの価値は人間性そのもののうちに生得的に存在するが，十分な成長を遂げていない人はこれらの価値は可能性として潜在しているにすぎないと考えている。これらの価値の多くは，それ自体個人を超えた社会的あるいは人類的な普遍的価値であり，倫理や教育，宗教の究極目標である。また理想的芸術の特徴でもあれば，理想的文化の象徴と考えることもできる。これらの価値の追求は，欲求の階層のなかで最高の欲求段階を意味するものであり，これらの価値的欲求が満たされるとき，人間は最高の段階まで自己実現をとげることができる。

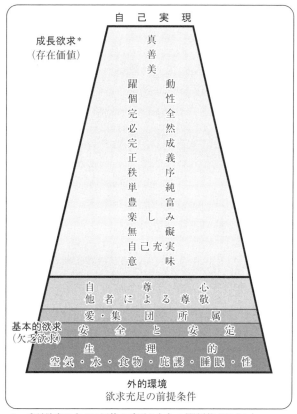

＊　成長欲求はすべて同等の重要さをもつ(階層的ではない)

出典：フランク・ゴーブル著，小口忠彦監訳：「マズローの心理学」，p.83，産業能率大学出版部(2004)の図を一部変更して作成

2章　感覚・感情と装い

1　感覚と感情

　衣服は形，色，柄などのデザインや材質などにより，また，着装する人によりさまざまな雰囲気や印象をつくりだす。例えば，白の綿織物で作られたワイシャツを着装した男性を見たときに「肌触りがよく，着心地が良さそう」と感じる人もいれば，「清潔感があり，さわやか」と感じる人もいるだろう。一般的に，前者は「感覚」，後者は「感情」とよばれている。

　感覚とは，光や音，におい，味，手触りなどの「刺激の感じ方」であり，刺激を感じ取るセンサーを感覚器官という。感覚器官には視覚，聴覚，嗅覚，味覚，触覚や，温覚，冷覚，痛覚などがある。

　これに対して感情とは，ある物事や刺激を感じたときに起こる「気持ちや心の状態」であり，強弱や対象によってその表現方法はさまざまである。特定の対象からもたらされる弱い感情(feeling)は印象やイメージとよばれ，強い感情(emotion)は情動とよばれる。また，対象があいまいな弱い感情(mood)は気分や雰囲気とよばれ，経験によって形成される感情(sentiment)は情操とよばれる。感情とはこれらの総合的名称である。

　感情は感覚に比べて，より上位の概念であり，個人差も大きい。

2　衣服の感覚的特性

　人間の五感，すなわち視覚，聴覚，嗅覚，味覚，触覚のうち，味覚を除く次のものが衣服の感覚的特性としてあげられる。
　①**触感覚的特性**：衣服の着心地，布の風合いなど
　②**視感覚的特性**：ドレープ，衣服の形(シルエット，デザイン線)，色，柄，着装状態など
　③**聴感覚的特性**：衣服や布の擦れる音(衣擦れ)
　④**嗅感覚特性**：繊維や布の香り，臭い
　触感覚的特性における「衣服の着心地」は，肌に触れた際に感じる快・不快の感覚である。「布の風合い」とは布の手触り感であり，着心地を大きく左右する要因となる。風合いは「こしがある」「はりがある」「ぬめりがある」などの表現，「シルクライク」「ウールライク」「スエードライク」などの表現が用いられる。近年さまざまな繊維が開発され，布の風合いはさらに多様化している。

視感覚的特性は，他の感覚と比較して印象形成への影響が特に大きい。布が垂れ下がるときに形成されるドレープ（ひだ）は「かたい」「やわらかい」など布の風合いを視覚的に決定づけ，シルエットの形成にも影響を与えている。衣服の形，色，柄，着装状態については後述する。

　聴感覚的特性として，衣服や布の擦れる音（衣擦れ）がある。絹織物はすり合わせたときにキュッと鳴り，これを「絹鳴り」とよんでいる。絹のフィブロイン（繊維状たんぱく質の一種）が摩擦することによって鳴る音であり，和服の着用時に快感を与えている。ほかにも長い裾を引きずる，衣服の着脱時における布地の衣擦れなどがあり，いずれも衣服や布が聴感覚を刺激するものである。

　嗅感覚特性は，心理面だけではなく生理的な快・不快の評価にもつながる重要な要素といえる。嗅感覚を刺激する芳香繊維や刺激を抑える消臭繊維，購入した衣服や繊維製品に香りづけを行う商品など，嗅感覚特性を意識した高機能繊維や香りづけ商品の開発が行われている芳香繊維には香りを楽しむほか，快適な睡眠など香りによる身体への効果も開発の狙いにある。これは鎮静効果や興奮効果のある植物の揮発性成分を心身症の治療に応用しようとするアロマセラピー（aromatherapy）的発想によるものである。

　衣服の感覚的特性のなかでも「触感覚特性」と「視感覚特性」は上位概念である「感情」に大きく働きかけ，心理・生理的な快・不快を左右する重要な要因となっている。ここで，色彩や着装状態の見せ方が着装者自身にどのような心理的・生理的影響を与えるのかについての研究事例[1]を紹介する。

　この研究では，4色（白，赤，黄，青）のワンピースを，2種（トルソーと被験者）の着衣基体に着装させ，5種（実物，スクリーン，ディスプレイ，写真，アリスミラー：疑似着装状態呈示装置）の媒体を用いて着装者自身に呈示し，SD法による5段階尺度を用いて評定した心理反応と，生理反応（心電図：ECG，皮膚電気反射＊：GSR）の測定を行っている。トルソーと被験者が着装した様子は図2-1の通りである。

　この実験において，着装者自身が4色のワンピース着装状態を5つの媒体を通じて見

＊皮膚電気反射
　強い刺激や精神活動に伴い，皮膚に一時的に生じる電気的変化のこと。

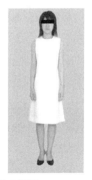

図2-1　着装の様子

たときに抱く衣服イメージは表2-1に示す「主成分1：嗜好性」，「主成分2：洗練性」，「主成分3：優美性」の3主成分，人物像イメージは表2-2に示す「主成分1：優雅さ」，「主成分2：親しみやすさ」の2主成分で構築されており，着装者に心理的な影響を与えることが明らかとなっている。一般的に，色彩はイメージ形成の要因として強く働くことが知られているが，着装状態を呈示する方法（着衣基体，呈示媒体）が色彩の効果をより強く，または，より弱める役割を果たすこともこの実験から明らかとなっている。なお，着装状態を実物に近似したサイズで呈示すると親しみやすい人物像が形成され，疑似着装状態を見た場合には，嗜好性も高くなることがわかっている。

一方，生理反応は写真，ディスプレイ，スクリーンのような「リアリティのない呈示媒体」と，実物やアリスミラーのように「リアリティのある呈示媒体」で相違し，図2-2に示すように着装状態の衣服が柔らかくやせて見える（洗練性の主成分が高い）場合に心拍数は高くなり，親しみやすい人（親しみやすさの主成分が高い）と評価した場合に心拍数は低下するなどの傾向を示した。

このような実験を通じて，衣服の色や着装状態を目視する際のリアリティ（着衣基体や呈示方法）が着装者自身の心理や生理に影響していることを認識できる。

表2-1　衣服イメージ　主成分分析結果

評価尺度	主成分1	主成分2	主成分3
好きな ─ 嫌いな	0.888	0.131	0.221
着たい ─ 着たくない	0.881	0.131	0.225
人物を引き立たせる ─ 人物を引き立たせない	0.834	0.000	0.147
高級感のある ─ 安っぽい	0.581	0.304	0.535
やわらかい ─ かたい	0.208	0.860	0.000
やせて見える ─ 太って見える	0.121	0.807	0.285
背の高い ─ 背の低い	0.554	−0.572	0.535
個性的な ─ 平凡な	−0.229	0.167	−0.851
大人っぽい ─ 若々しい	0.202	0.350	0.831
寄与率(%)	33.948	22.185	21.057
累積寄与率(%)	33.948	56.133	77.190

表2-2　人物像イメージ　主成分分析結果

評価尺度	主成分1	主成分2
活発な ─ おとなしい	−0.909	−0.146
落ち着きのある ─ 落ち着きのない	0.886	0.315
大胆な ─ 控えめな	−0.873	−0.295
知的な ─ 知的でない	0.806	0.402
礼儀正しい ─ 無作法な	0.783	0.456
上品な ─ 上品でない	0.737	0.554
親しみやすい ─ 親しみにくい	0.147	0.890
感じの良い ─ 感じの悪い	0.434	0.784
やさしく見える ─ きつく見える	0.347	0.754
寄与率(%)	50.118	31.770
累積寄与率(%)	50.118	81.888

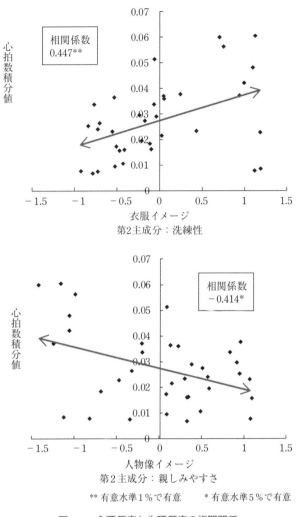

** 有意水準1%で有意　　* 有意水準5%で有意

図2-2　心理反応と生理反応の相関関係

3　衣服と感情

　衣服を着装したとき，もしくは着装している人を見たときにいだく感情は，衣服のデザイン要素や置かれた状況により変化する。なかでも色彩と形態（シルエット，デザイン線，柄）の影響は大きく，感情との結びつきは強い。ここでは感情と色彩，形態，着装場面とのかかわりについて述べる。

(1)　色彩と感情

　赤を見て「情熱的」と感じ，緑を見て「安心・安全」と感じる。これは色彩のもたらす感情であり，色彩感情という。色彩感情については，色彩調和，イメージ，連想や象徴

性，嗜好性などの側面から多くの研究がなされている。

　色彩感情は，時代や民族を超え，人間に共通した感覚的性質に由来する「根源的な色彩感情」，個人独自の体験に由来する「個人的体験による色彩感情」に大別される。前者は誰もがもつ色彩感情である。例えば，夜になれば暗闇となり，周囲が見えず不安になる。暗闇の色は黒であることから，黒は不安をいだかせる色として万国共通で認識されている。一方，後者は個人の体験によりいだく感情が異なるため，色から受けとる意味は個々に相違する。この色彩感情は地域，歴史，宗教などにも規定され，文化によっても共通性や相違が認められる。

　この色彩感情は，赤，青などの色みを表す「色相」，明るい，暗いなどの明るさを表す「明度」，濃い，薄いなどの鮮やかさを表す「彩度」の3つの属性（色彩の三属性という）の影響を受けて作り出される。

　図2-3に色彩の三属性の関係を立体的に表示した「色立体」を示す。中心軸は明度であり，上部が最も明るい白，下部が最も暗い黒を示している。この軸上にある色彩は，白，灰，黒など色みと鮮やかさはもたず明るさだけをもち「無彩色」とよばれている。この軸から離れると色彩は色みを帯び，離れるほどに鮮やかさは増す。これを「有彩色」とよぶ。なお，最も鮮やかな色は「純色」とよばれ，赤や青など基本的な色相の違いを表す色名（基本色名）として扱われている。色相を環状に並べたものは「色相環」という。

　図2-4は純色色相環を表示したもので，暖色，寒色，中性色が示されている。赤や橙は太陽や炎などを想起させて暖かい感情を生じさせることから「暖色」とよばれ，青は海や水などを想起させて冷たい感情を生じさせることから「寒色」とよばれる。一方，緑や紫は温度を感じさせるイメージは，想起されにくいことから暖色でも寒色でもない中性的な色として「中性色」とよばれている。

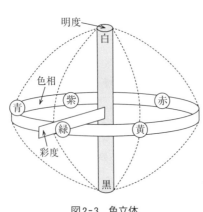

図2-3　色立体

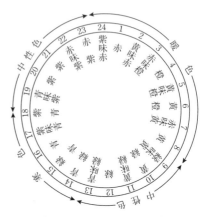

図2-4　純色色相環による寒暖色の分類

　図2-5は明度と彩度の複合概念である「トーン」の分類であり，無彩色は5分類，有彩色は12分類されている。例えば，有彩色の「赤」はペールのように明るいもの（桜色など）もあればダークグレイッシュのように暗いもの（ボルドーなど）もある。また，ビビッド

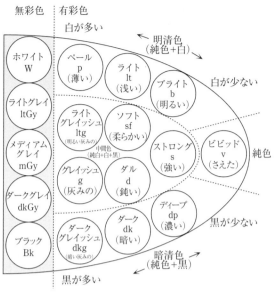

図2-5 トーンの分類

のように濃いもの(紅赤など)もあれば淡いもの(ベビーピンクなど)もあり，トーンによって印象は大きく変化する。色相が変化してもトーンから生じる感情や連想されるもの，印象は一定の傾向を示す。それをまとめると図2-6[2]のようになる。

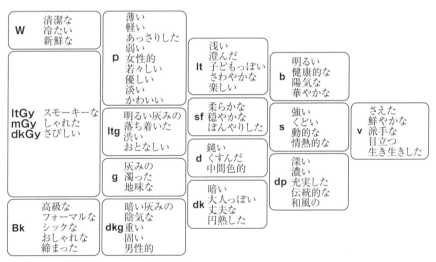

図2-6 トーンから生じる感情や印象

　有彩色は，高彩度トーン，低彩度トーン，高明度トーン，低明度トーンに分けられる。ビビッド，ブライト，ストロング，ディープなどの高彩度トーンは派手，目立つ，動的，強いなどの感情を生じさせ，ライトグレイッシュやグレイなど低彩度トーンは落ち着いた，渋い，おとなしい，地味などの感情を生じさせる。また，ペールやライトなどの高明度トーンは薄い，軽い，弱い，澄んだなどの感情を生じさせ，ダークグレイッシュやダークなどの低明度トーンは重厚，地味，暗いなどの感情を生じさせる。

いずれの色彩においても，肯定的な印象だけでなく否定的な印象も併せもち，個人的体験や地域，歴史，宗教，用い方によってその色彩から生じる感情や連想，印象は変化する。またここでは単色で用いた際に生じる感情について説明したが，衣服の場合には2色以上を組合せた配色で用いることが多いため，実際に生じる感情は複雑になる場合が多い。

（2） 形態と感情

衣服における形態として，シルエット，服装形式（ワンピース，ツーピース，スカート，ズボンなど），襟，袖，ボトム丈，デザイン線（切替え線）などがある。また実際の衣服では同じシルエットであっても，衣服の柄や色，材質感，着装者の体型などの要因により生じる感情は異なる。

ここではシルエット（アウトライン），デザイン線（切替え線），柄に着目し，それらより形成されるイメージや生じた感情について研究事例[3]をあげて紹介する。

分割線（分割線なし，縦分割，横分割）7種，柄（柄なし，直線，曲線などの幾何学柄）12種類，シルエット8種類のイメージ評価を実施した結果，優しく，太って見え，親しみやすく，身長が低く普段着ている衣服に近くてかわいい感じがする「ソフトさ」と，知的で落着きがある「クールさ」の2つを用いて7割程度は評価できることがわかった。

つまり，衣服はシルエットやデザイン線，柄から「ソフトな感じがするのか，ハードな感じがするのか」もしくは「クールな感じがするのか，クールな感じはしないのか」の評価がなされることを示している。

また形態（シルエット，デザイン線，柄）の特徴により生起する感情やイメージは以下の4グループに分類され，具体的な衣服形態は図2-7[4]に示す通りである。

① ソフトでクールな印象（優しくて知的に見える）を与える形態
   <形態の特徴>
- シンプルなデザイン（分割線や柄のない無地）
- 上部にフォーカルポイントのあるデザイン（ハイウエスト，アクセント，上衣の幅が狭い）

② ソフトでクールさを感じさせない（優しく見えるが知的な感じはしない）形態
   <形態の特徴>
- 下部にポイントのあるデザイン（ローウエスト，裾広がり）
- 大柄，幅のあるシルエット

③ ハードでクールな印象（知的できつい感じに見せる）を与える形態
   <形態の特徴>
- 縦ラインを強調（大きな斜め線，縦ストライプ）した柄
- 体のラインを強調した曲線的なシルエット

④ハードでクールさを感じさせない(厳しく見えるが知的さは感じられない)形態
　　<形態の特徴>
- 中央寄りの縦分割線や縦方向に伸びる柄
- 複雑な柄(動きのある柄)
- 上下のバランスが不安定なデザイン

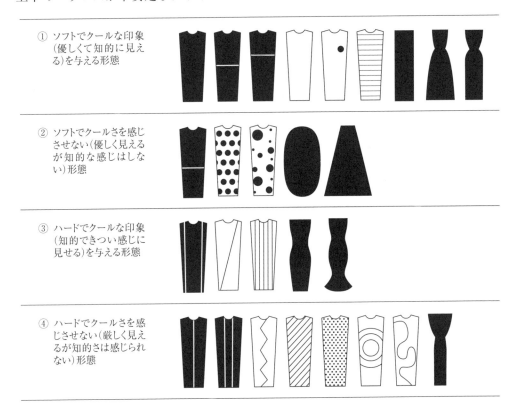

図2-7　衣服形態のイメージ

(3)　着装場面と感情

　衣服を着用すると，着装者自身はさまざまな感情をもち，他者は着装者を見ることによってさまざまな感情をもつ。また，どのような場面でどのような衣服を着用するかによって受け取る感情は相違する。衣服・着用者・着装場面の相互関係から喚起される感情について，研究事例[5]をあげて紹介する。

　中学生，高校生，大学生に「結婚式」と「葬式や通夜」に適合もしくは不適合と評価された衣服デザイン(計4種類)を見た際に抱く感情(13項目)を4段階で評価させた結果，図2-8に示すように場面に適合する衣服では「当たり前，真面目，きちんとしている」などの肯定的感情を生起させた。一方，場面に不適合な衣服は「恥ずかしい，かっこ悪い，不愉快」など否定的感情を生起させ，特にフォーマルイメージの強い「葬式や通夜」では，肯定・否定の感情起伏がより明確に出現しており，着用場面と衣服の適合状態によって生起される感情は相違することがわかる。

これまで述べたように，衣服がつくりだす感情や感覚は，衣服の種類やデザイン，色，素材などの「衣服の要因」だけでなく，着装者の年齢や性別，体型などの「着用者の要因」，どのような場面で着装するかという「着装場面の要因」が相互に関係することにより生じているといえよう。

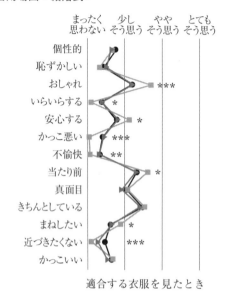

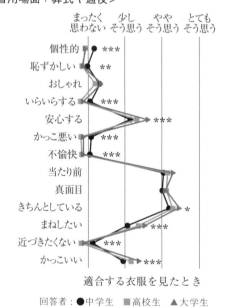

図2-8　衣服のデザインと着用場面の適合性評価を行う際に抱く感情

参考文献

1) 内藤章江,橋本令子,加藤雪枝:衣服の色彩と呈示方法が着装者に及ぼす心理的・生理的影響,繊維製品消費科学,48,p.853-862(2007)
2) 川崎秀昭:カラーコーディネーターのための配色入門,日本色研事業株式会社(2002)
3) 内藤章江:アパレルデザインの心理効果と評価時における視線動向の特徴,日本繊維製品消費科学会2014年年次大会研究発表要旨,p.56(2014)
4) 服飾関連専門講座〈9〉 服飾デザイン(文化ファッション大系),文化服装学院(2005)
5) 内藤章江:中学生・高校生・大学生が衣服と着用場面の適合性評価時に抱く感情,日本繊維製品消費科学会2013年年次大会研究発表要旨,p.25(2013)

パーソナルカラー

　パーソナルカラーとは，さまざまな定義がなされているが，「自身がもつ魅力を最大限に引き出す『似合う色』のこと」を指すことが多い。

　起源は諸説あるが，アメリカの色彩学者ロバート・ドア(Robert Dorr，1905～1979)やスイスの造形作家ヨハネス・イッテン(Johannes Itten，1888～1967)による色彩理論が基となっているといわれている。なお「似合う色」とは，肌色の透明感が増し，明るく見え，シミやしわなど欠点を隠し，顔立ちをすっきり見せ，パーソナリティに合った魅力を引き出す色彩を指す。

　パーソナルカラーの診断は，人間の肌・髪・瞳(虹彩)・頬・唇の身体色の特徴からベースカラー(ウォームトーン／クールトーン)とタイプ(ソフトタイプ：スプリング，サマー／ハードタイプ：オータム，ウィンター)を割り出して行う。

　これらの診断結果は，ファッションコーディネートやメークアップに利用されており，好印象形成の一翼を担っている。

出典：牛腸ヒロミほか：被服学辞典，p314，朝倉書店(2016)

3章　自己概念と装い

　自己概念(self-concept)とは，自分自身に対する考え，評価すなわち，自分の性格，能力，容姿，体型，社会的・経済的地位などをどのように考え，どのように感じているかをいう。これらの特性のうち，特に自己の性格・容姿や体型をどのように感じているかは，その人の衣服の着装のしかたに大きな影響を与えるといえる。

1　装いと自己との相互作用[1]

(1)　自己の発達・衰退に対する装いの影響

　図3-1はライフステージと衣服との関係を示したものである。衣服は第二の皮膚ともいわれ，私たちは誕生直後から衣服を身にまといながらの生活を送る。乳幼児期から老年期までの一生を通して，衣服は人の精神的・身体的機能の発達や衰退と深いかかわりをもっている。

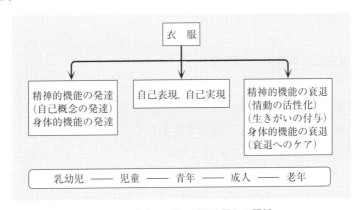

図3-1　ライフステージと衣服との関係

　出産のお祝いに乳児服を贈る場合を考えてみよう。男児であればブルー系の色，女児であればピンク系の色というように，性別を意識しながらお祝いの品を選ぶことが多い。
　誕生以来，乳児たちは性別を意識した衣服を身にまとわされながらの生活が始まる。また，私たちは乳児の性別を判断する場合，衣服の色から男児か女児かを見分けることが多い。乳児のように自分では衣服を着ることができず，親などに衣服を着せてもらっている時期を，プレプレイ段階という。乳幼児期からの性差による着装スタイルの違いは，性別意識の芽生えと発達に少なからず影響を与えるといえる。
　幼児期から小学校入学前ごろまでをプレイ段階というが，この時期においては，いわゆる「ごっこ遊び」を経験する。例えば，「ままごとごっこ」「買い物ごっこ」「乗り物ごっこ」

などを通して，母親，父親などの家族上の役割，八百屋さん，運転手さんなどの職業上の役割を取得する訓練をする。このような役割取得の行為は，先取りの社会化とよばれている。

役割取得において，例えば，エプロンをつけるだけで，あたかもお母さんになったような気分になるだろうし，運転手さんの帽子をかぶるだけで，あたかも運転手さんになったような気分になるであろう。このことは装いのしかたにより，役割取得をより効果的に行うことに通じているといえる。

小学校高学年から中学生ごろの時期をゲーム段階というが，この時期には自己の発達に関して仲間集団は重要なかかわりをもっている。仲間同士で同じような装いや特徴のある装いをすることが多く，服装は仲間集団のシンボル的な働きを示すといえる。

また，成長過程を通して，着装行動によりおしゃれ意識の発達がはかられ，成人段階においては，服装により自己表現や自己実現をはかり，精神的・身体的に充実した生活を送ることができるようになる。

その後，老年期に入り，遅かれ早かれ精神的・身体的に衰えを経験することになる。高齢者の衣服には，身体的機能の衰退をカバーできるものであることはもちろん，精神的機能の衰退もカバーできることが必要である。この意味において高齢者の衣生活には，おしゃれな装い，若々しい気分をかもしだす装いなどにより，情動の活性化や生きがい感を与えることが求められる。

(2) 自己概念による装いへの影響

自己を考える場合，そこには現実の自己の姿と，こうありたい，こうなりたいという理想の自己の姿が存在する。前者を現実的自己，後者を理想的自己という。この現実的自己と理想的自己の間には，通常ずれが存在する。自分の性格は理想的だ，自分の体型は理想的だと思っていても，人はさらに望ましい性格や体型を願望するものである。

さて，自分自身をどのように思っているか，すなわち自己概念はその人の装いのしかたに影響を与える。また，逆に人の装いのしかたにより，その人自身の自己概念を推察することもできる。このように装いを通して自己概念を推察できるのは，人は服装や化粧を手段として自己概念を投影しようとするからであり，装いの姿によりさまざまな情報を他者に伝達しているといえる。

この場合例えば，「すてきな装いだ」と好意的な反応が他者から返ってくれば，当事者の自己概念は強化されるであろう。逆に「少しも似合っていない」と非好意的反応が返ってくれば，当事者の自己概念は弱められ，その装いをすることをためらうであろう。このように自己概念は他者からの影響を受け，装いに影響を与えることになる。

新たに得た情報が自己概念と葛藤し，心理的な不快感や緊張をもたらすことがあるが，この場合には「人は心理的な不協和をできるだけ軽減するように行動する」という考えは，フェスティンガーの認知的不協和理論である。この行動に関して，藤原[2]は次

のような例をあげている。高齢女性は若々しい服装をし，おしゃれを楽しむべきだと日頃思っている本人が，かなり派手な服装で外出したとき，出会った人々に「やけに若づくりをしている」，「えらく派手な服装をしている」と思われた場合でも，本人は「上手に着こなしている」，「若々しく見える」と思われたと思い，自己概念との一貫性を保とうとする。また，自分の見方と同じような人とだけ接触するように行動したり，自分の服装に否定的な見方をする人の意見は，無視あるいは過小評価し，自己概念との不協和を避けようとしたりする。

　自分はどのような性格の人であるか，すなわち性格に関する自己概念は，着装行動と大きなかかわりをもっている。一般的には，外向的な性格の人，自尊感情の高い人はファッショナブルな着こなしをし，流行の採用も早い傾向にあるといえる。これに対して，内向的な性格の人，自尊感情の低い人は目立たない控えめな着こなしをし，流行の採用も遅い傾向にあるといえる。ここに自尊感情(self-esteem)とは，自分に満足できる程度，優越していると思う程度に関する感情であり，自尊感情が高すぎると自信過剰になり，逆に低すぎると劣等感をもつことになる。

　街なかで非常にファッショナブルな服装，著しく大胆で目立つ柄の服装を着こなしている人に出会ったとき，多くの人は，なんでそのような着こなしができるのかと思うであろう。しかしながら，外向的で自尊感情の高い本人にとっては，他人が思うほどにはファッショナブルな着こなしをしているとは思っていないのである。このことに関連して，杉山，小林[3]の実験例を述べる。

　ファッショナブルで大胆な着こなしの写真を提示して，評価者の性格の違いにより，写真の着装者がどのような性格の人と評定されるかを調べている。なお，評価者の自尊感情は，ジヤニスとフィールド(Janis & Field)の尺度(付録2 心理的測定尺度 p.115を参照)を用いて測定した。尺度における高得点グループ(上位の25％のグループ)と低得点グループ(下位の25％のグループ)の間で，写真の着装者の性格に関する評定に統計的な有意差が認められ，評価が異なることが示された。すなわち，自尊感情の高いグループは低いグループに比べて着装者を，それほどには外向的，自信の強い，プライドの高い性格の人とはみていない結果となった。

　自分の容姿や体型を本人がどのように思っているか，これに関する自己概念は，その人の装いに影響することは容易に想像できる。例えば，パンツスタイルを好む人，スカートスタイルを好む人，また横縞の柄を好む人，縦縞の柄を好む人，これらの違いは多分に容姿や体型の自己概念と関係している。着装者は容姿や体型の短所をカバーするような着こなしをし，長所を強調するような着こなしをするからである。

（3）　装いによる自己への影響
　　前項では，性格や容姿・体型の自己概念が装いに及ぼす影響について述べたが，ここでは逆に，装いが自己に及ぼす影響について考えてみたい。

華やかな着装をすれば，気分まで晴れやかになり，落ちついた着装をすれば気分までが落ちつく。例えば，気に入った新調の衣服を着たときのうきうきした気分，喪服を着たときのひきしまった気分など，私たちは着装のしかたにより気分も変化することを経験している。このことは，装いが着装者の精神面に影響を与えることを示唆している。

　この考え方を応用したものに，ファッション療法(ファッションセラピー；fashion therapy)がある。これはファッションの実践や教育を通して，精神的疾患などを治療しようとするものである。老人ホームや老人病院などの施設において，化粧のメイクアップやファッションショーを体験させ，おしゃれ行動を通して情動を活性化させる試みが行われ効果をあげている。この装いによる情動の活性化については，12章「こころのケアと装い」に詳述されている。

2　身体イメージと装い

(1)　身体イメージ

　自分の身体に対するイメージを身体像(ボディイメージ；body image)という。この身体像は自分自身の魅力，あるいは他人の魅力を考える場合に重要な要因となる。私たちは衣服を着用しながら生活しているので，自分自身の身体のイメージを形成する場合，身体そのものと衣服を明確に分けて考えることは少なく，衣服が着装された状態で身体イメージが形成される場合が多い。この意味で，衣服は身体像の一部となっている場合が多い。また，自分自身の身体部位に対してもっている満足の程度を身体カセクシス(ボディカセクシス；body cathexis)という。

　私たちは自分の身体を考える場合，そこには現実的身体像と理想的身体像の2つを考えることができる。現実的身体像とは，現実にある自分の身体についてのイメージであり，理想的身体像とは，こうなりたい，こうありたいと思う身体のイメージである。この2つの身体像の間には通常，ずれが存在しており，若い世代の女性の間ではこのずれが大きい。現実的身体像と理想的身体像の間でずれが特に大きいのは肥満に関係するものである。医学的には太っていないにもかかわらず，自分は太っていると思っている人が多く，また，痩せぎみでもさらに痩せたいと思っている人も多い。このように肥満に関しては，若い世代の女性では特に痩せ志向が強いが，これはファッションモデルや美人コンテストの入賞者は，細めの体型であることにも関係している。痩せ志向が極度に強くなりすぎると，拒食症(思春期痩せ症)という深刻な事態に進行することもある。

　ここで身体イメージに関する具体的な事例について述べる。伊地知，小田巻，小林[4]は身体に対する意識と着装の工夫について報告している。このなかから，身体プロポーションに対する意識と満足度，現実と理想の身体部位別意識を取り上げる。図3-2および図3-3は，首都圏の女子学生(19～20歳，1992年，2006年ともに200名)に対する調査結果である。

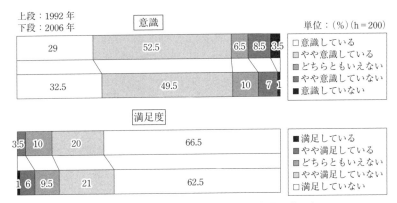

図3-2 身体プロポーションに対する意識と満足度
出典：伊地知ら：家政誌，61，p.215(2010)

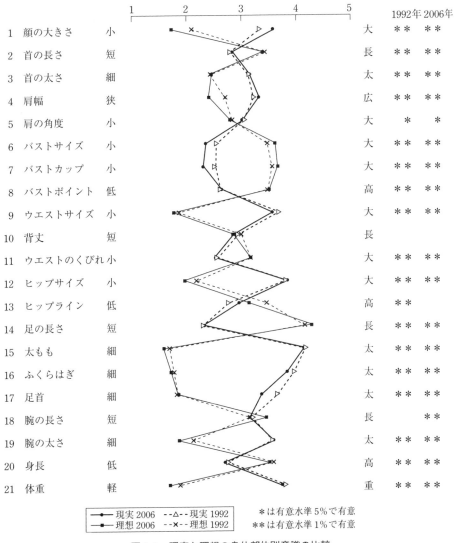

図3-3 現実と理想の身体部位別意識の比較
出典：伊地知ら：家政誌，61，p.215(2010)

図3-2の身体プロポーションに対する意識では，意識している側の比率が圧倒的に高く，1992年，2006年の調査年に関係なく同じ傾向を示している。また，身体プロポーションに対する満足度では，満足していない側の比率が圧倒的に高く，調査年に関係なく同傾向を示している。

図3-3の現実と理想の身体部位別意識(5段階尺度評価)の比較では，1996年，2006年の調査年ともに調査結果には，現実と理想の間にみられる差は同じ傾向を示しており，ほとんどの部位に現実と理想の間に統計的な有意差が認められた。特に，顔の大きさ，ウエストサイズ，ヒップサイズ，足の長さ，太もも，ふくらはぎ，足首，腕の太さ，体重などに現実と理想の間に大きな差がみられた。これらの結果は，顔は小さく，バストに関してはやや大きめ，細いウエストに，やや小さめのヒップ，長い足，下肢に関してはやや高めで，体重は軽くありたいという高橋らの報告[5]と同じ傾向を示している。

（2） 身体イメージと装いの工夫

着装者は身体イメージの短所をカバーするような着こなしをし，また長所を強調するような着こなしをすることを前述した。女性のボトム衣料はパンツスタイルとスカートスタイルに大別されるが，「スタイルが良くみえる」「足が長くみえる」「足が細くみえる」などは，この2つのスタイルの着こなしと関係している。

前述の伊地知らの研究では，身体に対する意識と着装の工夫についても報告している。

着装の工夫については，「スカートよりパンツ類を好んで着用する」「パンツやスカートはゆとりの多いものを着用する」「体にぴったりフィットした衣類は着用しない」「肩パットのついた衣服を好んで着用する」「ミニスカートを好んで着用する」［横縞の衣服を好んで着用する］「胸元の大きくあいたデザインのものは好まない」など，着装の工夫に関する43項目の質問に対して，該当する項目を選択したデータに数量化3類(多変量解析という統計的解析法の一つ)を適用し，「身体のラインを意識した着装の因子」を抽出した。一方，図3-3の現実と理想の身体部位別意識に関する評価データに因子分析(多変量解析という統計的解析法の一つ)を適用し，「身体の太さの因子」を抽出した。

「身体のラインを意識した着装の因子」と「身体の太さ因子」の関係を検討するために，2つの因子間で相関係数を求めた。その結果，「身体のラインを意識した着装」は「身体の太さ(現実)」とはマイナスの有意な相関関係にあり，「身体の太さ(理想)」とはプラスの有意な相関関係が認められた。

自分は太っている，太めの体型であるという現実の身体イメージは，身体のラインを意識した着装にはマイナスに働き，もっと痩せたい，細めの体型でありたいという理想の身体イメージに近づけ，身体のラインを意識した着装をしたいという願望に相通じるものであるといえる。

参考文献

1) 小林茂雄著:「装いの心理」, p.19-25, アイ・ケイコーポレーション(2007)
2) 被服心理学研究分科会編:「被服心理学」, p.36, 37, 「自己概念と被服行動」(藤原康晴執筆), 繊維機械学会(1998)
3) 杉山真理, 小林茂雄:見る側のパーソナリティと服装イメージによる見られる側のパーソナリティの想定, 繊維機械学会誌, 45, p.228-237(1992)
4) 伊地知美知子, 小田巻淑子, 小林茂雄:女子学生の身体に対する意識と着装の工夫, 1992年と2006年の対比, 家政学会誌, 61, p.213-220(2010)
5) 高橋裕子, 知野恵子, 田中美智, 安盛都子, 山田寛:女子大生のプロポーションに対する現実と理想, 川村短期大学紀要, 16, p.27-39(1996)

1. フランス，痩せすぎモデルを禁止する法案を可決

　フランス国民議会(下院)は2015年4月3日，痩せすぎのモデルを禁止する修正法案を賛成多数で可決した。ファッションの都・パリのモデル事務所は声をそろえて反対を叫んでいる。

　修正法案は「体格指数(BMI)が一定基準以下の人」は「ランウェイ(キャットウオーク)モデルとして働くことができなくなる」と定めている。「痩せすぎ」とみなされるモデルを雇用しているモデル事務所には，6か月以下の禁固刑と7万5,000ユーロ以下の罰金が科せられる可能性がある。

　修正法案を提出したオリビエ・ベラン議員は「そのような刑罰が科せられる可能性は，業界全体を規制する効果をもつ」と述べ，同様の対策がスペインやイタリア，イスラエルなどで，すでに行われているとつけ加えた。

　これに先立ってマリソル・トゥーレーヌ保険相は，若いモデルたちは「よく食べ，健康に気を遣うべきだ」と述べ，「これは，モデルたちを美しさの手本とする若い女性たちへ向けた重要なメッセージだ」と語っていた。一方，全仏モデル事務所組合(SYNAM)は同修正案が可決されれば，フランスのモデル業界の競争力が損なわれると批判していた。

　この法案の可決に先立って，「過度の細さ」を扇動した者に対し，1年以下の禁固刑と1万ユーロ以下の罰金を科す修正法案も可決されていた。この法案は，拒食症を奨励しているとの批判を浴びている「プロアナ(pro-ana)」ウェブサイトを標的にしている。

　フランスでは最高4万人が拒食症を患っていると推定されており，うち10人に9人は少女だという。

出典：AFPBB News（ネットウェブサイト情報）

2. 肥満の物差し

　世界で最も広く使用されている肥満判定用の物差しは，ボディ・マス・インデックス(BMI)であり，BMI＝体重(kg)÷〔身長(m)×身長(m)〕により求める。1998年にWHO(世界保健機構)が発表した肥満の判定基準，1999年に日本肥満学会が発表した肥満の分類を下表に示す。欧米では成人の2～3割がBMI30を超えているが，日本では数％と少ない。厚生労働省の「2000年国民栄養調査」によると，20年前，10年前と比較して男性は肥満の割合が増えているのに対して，20代，30代の若い女性では痩せ型が増えている(下図参照)。

　国内外のいろいろの研究から，BMI 22前後の人が最も健康であるといわれている。女性の健康美として有名なのが，約500年前のルネッサンス期のイタリアでボッティチェリが描いた名画，「ヴィーナス誕生」の絵のなかのヴィーナスは(身長158cm，体重52kg)BMI 21といわれている。多くの女性が抱く「痩せ願望」の理由の一つは，日本の女優のBMIが19，モデルになると18前後しかないという現状が関係している。現在の20歳代の女性の約4人に1人は「低体重」であるという現状こそ，大きな社会問題であるといわれている。

BMIによる肥満の判定基準

BMI	判　定	WHO基準
＜18.5	低体重	underweight
18.5≦～＜25	普通体重	normal range
25　≦～＜30	肥満1度	preobese
30　≦～＜35	肥満2度	obese class I
35　≦～＜40	肥満3度	obese class II
40　≦	肥満4度	obese class III

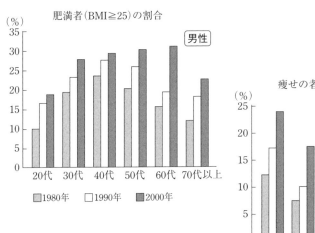
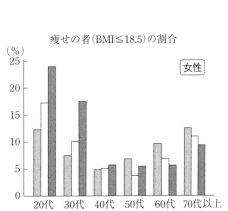

男女別，年代別にみた肥満の割合(男性)と痩せの割合(女性)

出典：小林茂雄著：「装いの心理」，p.25，アイケイコーポレーション(2007)

4章　印象形成・対人認知と装い

1　情報伝達と服装

　誰かに気持ちや考え，意見などの情報を伝える「コミュニケーション」は，言葉や文字による「言語情報伝達(バーバル・コミュニケーション；verbal communication)」と，言葉や文字以外の「非言語情報伝達(ノンバーバル・コミュニケーション；non-verbal communication)」の2つに大別される。前者は言葉や文字のもつ意味や内容が重要となり，後者は身振りや手ぶり，声の調子や言葉遣い，表情や目線，外見などが含まれ，それらが重要な意味をもってさまざまな情報を伝達する。なお，身振りや手ぶり，目線など身体の一部によるものを「身体言語；body language」とよび，外見を構成する衣服や髪型，化粧などモノによるものを「物体言語」とよぶ。

　アメリカの心理学者アルバート・メラビアン(Albert Mehrabian)は，著書 Silent messsages (1971)[1]のなかで，人と人とが直接顔を合わせるコミュニケーションは，以下の3要素が基本となることを明らかにしている。
　①言語情報(話の内容など)
　②聴覚情報(声の調子，言葉遣いなど)
　③視覚情報(外見，表情，目線など)

　前述したコミュニケーションの種類に照らし合わせると，聴覚情報や視覚情報は非言語情報といえる。また，この3要素のなかで最も伝達力が高いのは視覚情報(Visual)であり，全体の55％を占めている。次いで聴覚情報(Vocal)が38％，言語情報(Verbal)においては7％であるとメラビアンは著書[1]のなかで示している。つまり，コミュニケーションの大半が非言語情報伝達によって行われているといえよう。

　私たちは見知らぬ人に出会ったとき，その人の性格，年齢，職業，身分などを想像し，さまざまなことを推測する。この場合，外見を構成する衣服や髪型，化粧などは，相手を推測するうえで重要な情報源となる。

　外見のなかでも衣服は，どのような情報を伝達するのだろうか。これまでにさまざまな研究[2]〜[4]が行われているが，まとめると，概ね次のようである。

①　デモグラフィック属性に関する情報

　デモグラフィック属性とは人口統計学的な属性を意味しており，衣服が性別や年齢，職業，社会的・経済的地位，所属集団など着用者自身の属性情報を伝達するのである。例えば，スカートを着用していれば「女性」であることを伝達し，学生服を着用していれば「中学生や高校生」であることを伝達する。また，客室乗務員やパイロット，僧侶

などの着衣，すなわちユニフォームは「職業」にかかわる情報を伝達している。

② 人格・性格に関する情報

人格や性格に関する情報については，鮮やかな赤やショッキングピンクの衣服を着用している人は「派手な人」であることが伝達され，黒や灰色などの衣服を着用している人は「地味な人」であることが伝達される。このように，衣服は着用者の内面特性に関する情報を伝達する。

③ 社会的態度に関する情報

社会的態度に関する情報を伝達した例をあげると，1960年代に流行したヒッピールック(長髪やジーンズ)や1970年代のパンクファッション(逆立てた髪に破れたTシャツやパンツ)，1980年代のカラス族(真っ黒で不均一な穴やしわがある服，ボロルック)などがある。いずれも規範や制度を否定し，社会への反抗心を衣服で表現・伝達した例である。

④ 感情や情動に関する情報

感情や情動に関する情報は，怒りや悲しみ，喜びなどを衣服の色やデザインで表現し，着用者の心の状態を伝達している。例えば，喪服は黒無地のものが多く，華美の要素を一切省いたデザインとなっており，悲しみや喪に服している感情を伝達している。一方，結婚式では喜びの気持ちを伝達するために，明るく華やかな色やデザインの衣服を着用することが多い。

⑤ 価値に関する情報

価値に関する情報は，健康や若さ，性的魅力や富など多くの人が共通に到達や獲得したいと願い望む価値，すなわち「こうなりたい，このようでありたい」と思う気持ちを伝達する。例えば，スポーツウェアは健康的であることを伝達し，スーツにシャツとネクタイを組合せたビジネスウェアは仕事ができる人との印象を伝達する。

⑥ 状況(TPO)に関する情報

状況(TPO)に関する情報は，これからショッピングに行くのか，レジャーに行くのか，パーティーに行くのかなど，着用者の状況を伝達している。また，着用場面がフォーマルな場であるか，カジュアルな場であるか，着用時間帯はいつであるか，すなわちTPOによって，その衣服の状況的意味は変化する。

2　印象形成と服装[5]

人は誰かに出会ったとき，または会話をする前に服装や容姿，行動やしぐさなどの目に見える情報を手掛かりに，その人のパーソナリティ(人物像)を推測することがある。外見などの目に見える断片的な情報を手がかりにして，目には見えないその人の内面を主観的に推論する過程を「対人認知(interpersonal cognition)」とよび，断片的な情報からその人の全体的な印象を形成することを「印象形成(impression formation)」とよぶ。

なお，対人認知は狭義には人々がどのように互いを知覚するのか，という「対人知覚（person perception）」と同義に用いられている。

　印象形成に関する古典的な研究者としてアメリカの心理学者ソロモン・エリオット・アッシュ（Solomon Eliot Asch, 1946）があげられる。アッシュは，性格特性を表す用語を並べ，その人の人物像を回答させる実験を行った。被験者を2グループに分けて，一方にはその人物の特徴として「知的な，器用な，勤勉な，温かい，決断力のある，実際的な，用心深い」の性格特性を読み聞かせ，もう一方には「温かい」を「冷たい」に置き換えて読み聞かせた。被験者に人物像を回答させたところ，「温かい」を読み聞かせたグループでは好意的な人物像が形成され，「冷たい」に置き換えて読み聞かせたグループでは否定的な人物像が形成された。つまり「温かい」と「冷たい」はその人の性格を決定づける「中心的な特性」といえ，それらが「その他の情報（周辺情報）」の意味づけを行い，印象が形成されたといえる。この実験から，印象は個々の特性を単に加算・合計して形成されているのではなく，中心的な特性の影響を受けて，その他の情報が統合・体制化されて形成されるといえる。これを「ゲシュタルト・モデル（gestalt model）」とよぶ。

　前項で述べてきたように，衣服はさまざまな情報を伝達しており，外見を構築する主要素となることから，印象を形成するうえで「対人認知」の大きな情報源となり，かつ「中心的な特性」となって大きな影響を与える要素となる。特に最初に形成される印象，すなわち「第一印象（first impression）」は印象の枠組みを形成する際に大きく作用する。さらに印象形成の過程では，次のような要因がバイアスとなり，誤った判断を行う原因にもなっている。

① 初頭効果（Primacy effect），順序効果（Order effect）

　「初頭効果」とは，印象形成において最初に示された断片的な情報が全体の印象を決定づけ，後の評価に大きな影響を与える心理効果のことである。例えば，初めて会った人が「派手な服装」をしていれば，その人は「外向的な性格」という印象が形成される。また，「非常にきちんとした着こなし」からは「几帳面な性格の人」との印象が形成される。このように形成された印象はある程度持続し，簡単に変容しないといわれている。

　またアッシュは，前述した実験において用語の提示順を変えた場合，ポジティブな用語を先に提示すると好意的な印象が形成され，その後もその印象は継続することを明らかにしている。提示順により印象が変化することを「順序効果」とよんでいる。この2つの効果からも，最初に形成される「第一印象」がいかに重要であるかを理解することができる。

② 光背効果（ハロー効果；Halo effect）

　ある面で好ましいあるいは好ましくない印象をもつと，それとは関係のない他の面についても好ましく，あるいは好ましくないと判断する傾向をいう。つまり，一部の評価を全体の評価にまで広げてしまう傾向のことである。例えば，みすぼらしい服装の人を見た場合，経済的に余裕がなく逸脱した考えをもつ人だと判断し，高級なスーツを着用

した人を見た場合にはある程度の地位に就き，経済的にも豊かな人に違いないと判断し，目に留まりやすい外見からその人の性格特性や人間性を決めつけてしまうというのは，この例である。

③　ステレオタイプ(Stereotype)

　ステレオタイプとは「紋切型」ともいわれ，社会や所属集団などに共通した固定概念に当てはめて見る傾向をいう。例えば，鮮やかな赤や黄の衣服を着用している人を見て「派手な人」と判断する，黒や灰などの衣服を着用している人を見て「地味な人」と判断するのはこの例である。衣服や髪形，体型や化粧など外見を構成する特徴が一般的とされる特性や固定概念に当てはめ，「こういう外見の人はこういう性格の人である」などの先入観や思い込みによりその人の性格特性や人間性を判断する傾向である。

④　単純接触効果(Mere-exposure effect)

　刺激を繰り返し提示すると，それだけでその刺激に対する観察者の好意や評価を高める効果があるという傾向をいう。この効果については，ドイツの哲学者・心理学者であるフェヒナー(Gustav Theodor Fechner)が1876年に初めて言及し，アメリカの心理学者ザイアンス(Zajonc)が1968年に異なる刺激に異なる数回さらされたのち，それらの刺激項目の意味の好ましさを計測し，刺激の提示頻度と評価された意味の好ましさとの間に直線的な関係があることを明らかにした。

　衣服においてもこのような傾向があることを長田ら[6),7)]が検討している。長田らは，刺激対象としてファッション雑誌から選んだ新奇性の強い衣服写真を1回だけ提示した場合，10回提示した場合，20回提示した場合の3つの提示条件において，「感じの良い－感じの悪い」，「親しみやすい－親しみにくい」，「好きな－嫌いな」の3つの好感度尺度を用いて評価させている。その結果，図4-1に示すように「親しみやすさ」と「好きな」の評価は呈示回数が多くなるほど評価が高くなる，すなわち好感度が高くなることを明らかにした。新規性が強く見慣れない衣服においても，接触頻度(見る回数)が増加するにつれて好感度が高くなることから，単純接触効果は，服装の流行採用動機の一つとして説明力をもつと考えられる。

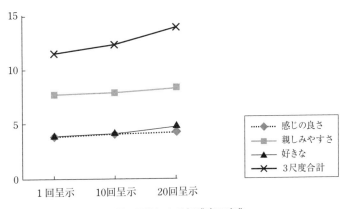

図4-1　呈示回数による好感度の変化

外見などの情報を手がかりにして形成された対人認知は，社会的行動のなかで個人が特定の他者に対してとる行動にも影響を与えている。これを対人行動(Interpersonal behavior)とよんでいる。衣服の影響を受けて変容する対人行動には，以下のようなもの[8]がある。

① 援助行動(他者に直接的，間接的に助けを起こす行動)

　自分自身と類似した装いをしている人は類似した態度をもつと推測され，それにより好意が形成されて援助行動が促進する。これは「類似性効果」とよばれている。また，個人が置かれた状況や，その状況において個人が与えられている役割と服装が一致しているかにより援助行動が促進することがあり，これは「一貫性効果」とよばれている。

　例えば，通りすがりの人に道順を尋ねる援助を要請した場合，要請者の着装衣服が規範に同調した装い(スカート，ブラウス，ハイヒール，ハンドバック)と規範に逸脱した装い(Tシャツ，軍隊調のジャケット，ジーンズ，スニーカー)で臨んだ際，規範に同調した装いの人に対しては援助行動がなされる傾向がみられるなど，着装衣服によって援助行動は変化することがわかる。

② 同調行動(他者の意見や判断に同調する・同調しない行動)

　社会的に地位が高い人と判断される装いをしている人は能力があり，いかなる状況においても正当なものと判断され，同調行動が起こる傾向がある。例えば，社会的に地位が高いと判断された装いをしている人が交差点の横断歩道を赤信号の状態で横断し始めると，周囲の歩行者が同調して歩き出すことがある。これは外見から人の資質を判断し，それが規範に反する行動であっても正当なものとみなされたことに起因していると判断できる。この同調行動は，前述した光背効果(ハロー効果)やステレオタイプの影響を受ける。

③ 応諾行動(他者の働きかけに応じる・応じない行動)

　衣服から社会的態度(保守的か，革新的か)が形成され，それらが他者からの働きかけに応じる・応じないなどの行動に影響することがある。例えば，署名や募金運動において，その主張に一致した服装(例えば反戦運動では革新的な装い)で臨むことにより応じる人を増加させ，行動を促進させることが明らかとなっている。また，保守的な服装は個人の信用や誠実さを高める働きを担うことから，ビジネスシーンにおける要請の成功率を高めることにつながっている。

　そのほか，攻撃行動(他者に身体的，生理的に有害な刺激を与える行動)，説得行動(他者に働きかけ，態度などを好意的に変容させる行動)などがある。これらの対人行動には対人認知や印象形成などの心理的諸反応が関係しており，さらには「対人魅力(interpersonal attraction)」も大きく影響する。対人魅力とは，他者に対していだく魅力や好意的態度のことである。人が他者に対して好意をいだくようになる条件として①近接性(身近なよく接する人に親しみをもつ)，②外見的魅力(容姿や外見が美しい人に魅力を感じる)，③類似性(自分と共通性をもつ人に魅力を感じる)，④相補性(自分にはな

いものをもっている人に魅力を感じる)がある。

なお，ここでいう態度(attitude)とは，人格の一側面であり，さまざまな対象や事象に対する一貫した一定の反応傾向を示している。態度が変化する過程は「態度の変容(attitude change)」とよぶ。

3 印象操作と服装

特定の人をターゲットとして，印象形成，態度，意見に影響を及ぼすために，情報を管理したり調整したりすることを「印象操作(impression management)」といい，印象管理ともよばれる。印象を操作することは，与える情報を制限し，虚偽または虚偽にならない範囲で改変することで，その情報を受け取った者が受ける印象や判断結果に影響を与えようとする情報操作理論(Information manipulation theory)と類似して捉えられることがある。

他者を欺くための行為として認識されるかもしれないが，対人行動における基本的な過程であり，日常的に私たちの生活のなかで用いられている行為である。

衣服を用いた印象操作について，2つの研究事例を示す。一つ目は藤原[9]による「性格から想定された服装及び服装から想定された性格」の研究である。この研究では，どのような性格をもつ人がどのような服装をするのか，また，どのような服装をする人がどのような性格と認識されるかを明らかにしている。

表4-1に示すように，性格特性が「親しみやすく，鈍感で，自信のない」人は，「オーソドックスでブランドにこだわらず地味」な服装をする傾向があり，「知的でまじめ，冷静」な人は，「寒色系や暗い色，無地やシンプル」な服装をすると想定されることがわかる。逆に，「派手，大胆な」服装をする人は，「進歩的で外向的，自信がある」性格と判断され，「中間色や小柄・花柄，控えめな」服装をする人は，「保守的で内向的，自信がなく，おとなしい」性格と判断される。つまり，性格特性と服装特性には関連性があり，着用する衣服を操作することにより着用者の性格表現を変化させることができることを示唆している。

二つ目は内藤ら[10]による「女性用スーツの着装イメージと色彩効果」の研究である。この研究では，女性用スーツに対する着装イメージと色彩効果の検討を行っており，図4-2に示すように20歳前後，50歳前後の女性モデルに全く同じ70種のスーツを着装させ，形成されるイメージと着用者の人物像について女子大学生54名に回答させている。その結果，女性用スーツのイメージは「フォーマル性」と「女らしさ」の2因子，着用者の人物像は「活発さ」と「親しみやすさ」の2因子で構築されていることが明らかとなった。つまり，女性用スーツのイメージは「フォーマルか，カジュアルか」と「女性らしいか，女性らしくないか」の2つの軸で評価がなされ，着用者の性格は「活発な人かどうか」と「親しみやすいかどうか」の2つの軸で評価されることを示している。

表4-1　服装特性と性格特性の相互関係

群（象限）	服装特性	性格特性
第Ⅰ群〔＋＋＋〕	オーソドックス ブランドにこだわらない 地味	親しみやすい 鈍感 自信のない
第Ⅱ群〔＋＋－〕	平凡　　小柄な模様 中間色　花柄 控えめ	保守的 内向的 おとなしい
第Ⅲ群〔＋－＋〕	寒色系　シンプル 無地　　暗い色	知的　　冷静 まじめ　陰気
第Ⅳ群〔＋－－〕	フェミニン　かたぐるしい ドレッシィ タイトなシルエット	服従的
第Ⅴ群〔－＋＋〕	ラフ　　スポーティ ビックなシルエット	陽気
第Ⅵ群〔－＋－〕	暖色系　柄物 装飾的　明るい色	感情的 知的でない
第Ⅶ群〔－－＋〕	マニッシュ　縞柄 大柄な模様	支配的　活発 ふまじめ
第Ⅷ群〔－－－〕	現職　　　個性的 大胆　　　派手 ファッショナブル ブランド志向の強い	敏感　　進歩的 外向的　自信の強い 親しみにくい

〈20歳前後モデル〉　　〈50歳前後モデル〉

図4-2　女性用スーツを着用した20歳前後，50歳前後の女性モデル

女性用スーツのイメージにおける「フォーマル性」の評価には，着用者の年齢（20歳代前後か，50歳前後か）やスーツの色彩及び配色関係が影響し，「女性らしさ」の評価には上下の色彩の関係や上衣のトーンが影響することも明らかとなった。また，人物像のイメージにおける「活発さ」の評価には上下のトーンが影響し，「親しみやすさ」の評価には上下の配色関係が影響することも明らかとなっている。

なお，人物像については「フォーマル」と判断される女性用スーツを着用した場合に「控えめな人」と判断され，「女性らしさ」が強いスーツを着用した場合には「親しみやすい人」と判断された。着装者の年齢により形成される人物像は大きく異なり，50歳前後の女性がペール（淡い）トーンのスーツを着装した場合には20歳前後の女性が着装した

場合よりもカジュアルさは促進し,単色の女性用スーツはフォーマルさを促進させる効果があることも明らかとなった。さらに,上衣に暖色系色相(赤や黄)のペールトーン,ビビット(鮮やかな)トーンを配すると女性らしく,ダーク(暗い)トーンを配すると男性的なイメージが形成される。スーツの色彩やそれらの組合せ方,着用者の年齢により,さまざまなイメージや人物像が形成されることがわかる。

　これらの研究事例は,服装を用いて到達や獲得したいと願い望む価値を意図的に作り出すことができることを示すものである。印象操作は,特に印象が重要視される状況や初対面の人と会う際に有効であり,その後のコミュニケーションや人間関係の円滑化にも貢献できる「なりたい自分に近づくための自己演出ツールの一つ」といえる。

参考文献

1) Albert Mehrabian：Silent messsages (1971)
2) 神山進,枡田庸：容姿の情報伝達内容に関する研究―肌の露出度について―,繊維製品消費科学 31, p.539-548 (1990)
3) 神山進,枡田庸：容姿の情報伝達内容に関する研究―服装色について―,繊維製品消費科学 33, p.105-114 (1992)
4) 神山進,苗村久恵,馬杉一重：容姿の情報伝達内容に関する研究―服装スタイルについて―,繊維製品消費科学 37, p.184-194 (1996)
5) 藤永保,仲真紀子：心理学辞典,丸善株式会社 (2004)
6) 宮本聡介,太田信夫：「単純接触効果研究の最前線」,北大路書房 (2008)
7) 長田美穂,杉山真理,小林茂雄：服装の好感度に対する単純接触の効果,繊維機械学会誌 45, p.193-199 (1992)
8) 高木修,神山進：「被服行動の社会心理学(7章　衣服と対人行動)」,p.81-p.89,北大路書房 (2002)
9) 藤原康晴：性格から想定された服装及び服装から想定された性格,繊維機械学会誌 40, 7, p.279-286 (1987)
10) 内藤章江,小林茂雄：女性用スーツの着装イメージと色彩効果,繊維製品消費科学 43, p.658-668 (2002)

1. 第一印象には「過去の記憶」が影響する

　私たちは初めて誰かと知り合うとき，その人に必ず何かしらの印象をいだく。この初めにいだく「第一印象」は瞬時に判断されることから「パッと見たときのイメージ」と解釈され，「カン」のようなものであると感じられることが多い。しかし第一印象を判断する心理には「過去の記憶」が大きく影響している。

　初対面の人を判断する際に，私たちはこれまでに接触してきた多数の他者から受けた印象やメディアなどから得た情報をもとに，既にある程度のイメージをいくつも形成して自身のなかにもっており，無意識のうちにそれを当てはめながら第一印象を判断しているのである。つまり「早口でしゃべる人は怒りっぽい」という先入観を過去の体験から自身のなかで既にイメージとして形成している場合，違う機会に早口でしゃべる人物に出会うと無意識のうちに「この人は怒りっぽい」という第一印象をいだいてしまう。

　このように，私たちは無意識のうちに，第一印象を「過去の記憶」に当てはめて判断しているのである。

出典：晨永光彦：「面白いほどよくわかる社会心理学」，p.50-51，日本文芸社（2004）

2. 自分に「好意」をもってくれた相手には，その好意を返したくなる

　最初はあまり好きではなかった人が，何度か会ううちに相手が自分に好意をもっていることが伝わり，何となくこちらも相手に好意をもつようになる。逆に，自分に好意をもってほしい相手がいる場合，まずは自分が相手に好意をもっていることを表現すると相手の気を引くことができることがある。

　人間は，自分を肯定的に評価する人間に好意を抱きやすい傾向がある。つまり自分に好意をもってくれた相手には，その好意を返したくなるのである。これを「好意の返報性」とよぶ。例えば，ある人がAさんとBさんにこれから会うにあたり，自分はAさんには好かれていて，Bさんには嫌われていると思い込んでいるとする。この状態でこの人が二人に会った場合，Aさんには，より積極的に自己開示やコミュニケーションができ，話し方も温かいものになるのに対し，Bさんには全くそれができないということが起こる。これはAさんが自分を肯定的に評価する人間だと思い込んでいるゆえの態度であり，Bさんが自分のことを嫌っていると思い込んでいるゆえの態度なのである。

　このように，「好意の返報性」は，対人コミュニケーションにおける私たちの態度に大きな影響を及ぼしているのである。

出典：晨永光彦：「面白いほどよくわかる社会心理学」，p.106-107，日本文芸社（2004）

5章　場と装い

1　服装と場の関係

　私たちが服を決めるとき，寒ければ暖かい服装，暑ければ涼しい服装と自然環境の変化に対応している。さらに，学校に行くときは学生として，会社に行くときは会社員として，それぞれふさわしい服装が求められ，それに準じて行動している。つまり自然環境や長く培われた文化・社会環境を加味しながら自ずと服装を決定していることになる。

　現在の日本の社会では服装の選択は自由であり，個人の意思に任され公序良俗に反しない限り何を着用しても構わないはずである。しかし，さまざまな場でさまざまな服装を見かけるとき「このような場所にあのような服装を着てきている人がいる」と他人のことが気になったり，逆に「（私は）このような服装を着てきてしまった」と自分のことに気が咎めたりすることもある。つまり，一人で服を着て鏡を見ているときは似合っていると感じていても，それはどのような空間なのか，そこにはどのような人が集まっているのかによって，全くその「場」にそぐわないことも起こりうる。

　例えば，個人のレベルでみると，自宅で好きな服装でくつろいでいても，ちょっと近所に出かける場合，着替えるかどうか悩み，さらに，これから一流ホテルのロビーで待ち合わせがあるとなれば着替えて行くであろう。これは，暗黙のうちに「Aの場にはBの服装である」という社会習慣や生活経験，また，人からどのように見られているかという他者の目も気にしているから起こることであり，人はその場に合わないという場違いを回避したい感情から起こることである。

　さらに，場違いと感じる状況は人々の集まりの場合でも生じる。フォーマルな服装ばかりのなか，一人カジュアルな服装である場合，逆にカジュアルな服装ばかりで集まっているなか，一人フォーマルな服装である場合などは，そのとき，着装者本人も，その周囲にいる第三者もある種の特異な存在として感ずると思われる。つまり似たような服装の大勢の集合のなかに，一人違ったタイプの服装を着ている場合に起こることと考えられる。

　衣服には時間・空間・状況・組織・地位・役割・メンバーシップ・威光・社会的期待，行動パターンなどが縫い込まれていると山岸[1]は述べているが，これは，服装が一つの意味を示すことを指す。そのため前述のように服装の意味が場と違うのかどうかにより，場に合う，合わないが起こる。服装の選択を決定するのは個人の意思であるが，同時にそれは「与えられた状況の場」により決定させられたものであると考えることがで

きる。

　4章までは，服装の印象を単体で論じてきたが，実際私たちは必ずどこかの「場」に存在している。5章では，街や室内にあるまとまりのある空間や，それらの空間上に人々が集まってつくる状況を「場」とし，服装が場に「ふさわしい」，「ふさわしくない」とはどのようなときに感じるのかを，社会・文化的環境の視点から「場違い感」，「パーソナルスペース」を通して考えていく。

2　服装と場違い感

（1）場違いと感じるとき

　もし同窓会のお知らせに「平服でお越しください」と書かれていると，どこの場所で，どのような人たちが集うのかなど想像をめぐらせて衣服を選択するであろう。そして，選択した衣服で行ったとき，実際現地では3つの状況が考えられる。自分の服装が周囲の服装の格や雰囲気と①同程度に感じる，②下に感じる，③上に感じるなどである。②，③の例として，②は自分だけが普通のカジュアルすぎた場合に，③は自分だけがフォーマルな装いをしたため，かえって浮いてしまった場合などである。

　①の場合は，周囲と何も差を感じないため，その場では違和感もなくいられる。しかし②，③の場合は，このような格好をして「いたたまれない」，「恥ずかしい」，「しまった」などの感情が生じることがあり，この感情を「場違い感」として捉えることができる。

（2）場違い感と周囲の状況

　「場違い」と感じるのは，どのような状況下で起きるのか，実際の人間を集めて実験することは困難なため，人間を人形に見立てたモデル実験で数量化した研究[2),3)]を紹介する。

　図5-1のように人形にフォーマルからカジュアルに至る6種類の服を着装させ，「フォーマル：フォーマル」「フォーマル：カジュアル」「カジュアル：カジュアル」になるような2種類の服装を任意に組合せた集合をつくる。ここでは集合全体を36人とした。

（撮影：内田直子）

図5-1　服装試料

図5-2の集合写真のように,「着物と紺スーツ」の集合をつくり,「1：35」から最後は「35：1」になるまで徐々に両者の人形数を変えて提示試料を作成した。同じ2種類の服装からなる集合も,人数比が変わると集合の雰囲気も変わることがわかるだろう。
　評価者に集合内のこちらが指定した服装の立場になってもらい,良かれと思って着装したが,この集合内にいたときどれくらい場違いと感じるかを,「ない」「わずかにある」「ややある」「かなりある」「非常にある」の5段階で回答してもらった。

着物 14：紺スーツ 22

着物 30：紺スーツ 6

（撮影：内田直子）

図5-2　着物と紺スーツの集合での服装比

　この評価結果を平均値でまとめたものが図5-3である。横軸は全体で36人中,自分と異なる服装の「相手側の人数(相手数)」,自分と同じ服装の「自分側の人数(同類数)」が示されている。縦軸は5段階の「場違い感」を示している。
　このグラフより,違った服装をしている相手側の人数が9人,つまり全体の25％より多くなると場違い感が生じ,相手側の人数が多くなるにしたがって場違い感が強くなっている。また別の見方をすると,全体のなかで1人違う服装をし

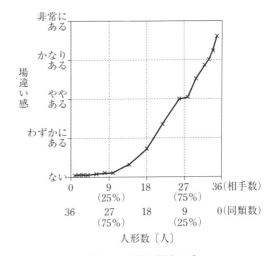

図5-3　服装の場違い感

ていると,場違い感は非常に高いが,自分と同じ服装をしている人(同類数)が全体の25％になるとその場違い感は半減し,さらに,75％になると場違い感はなくなる。
　また,この集合がグループ化しているような場合ではどうか。
　図5-4の「着物」と「紺スーツ」の組合せで,どれも服装比は着物22：紺スーツ14であるが,スーツに着目したとき,グループ化されている位置によって,「さらしものになっている感じ」,「周りから称えられている感じ」,「疎外されている感じ」など,その感じ方はさまざまであろう。この場合,全体の傾向として場違い感は,最も高いD型から,D型＞A型・C型＞B型の順に低くなっており,同じ人数の集合でも場違い感の要因

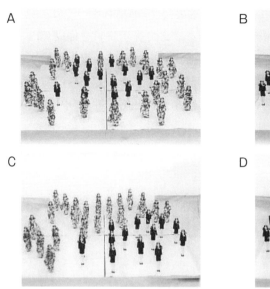

図5-4 着物22：紺スーツ14のグループ形態別例
（撮影：内田直子）

に立ち位置も影響している。

　B型は同種の服装が少ない人数であっても，相手側と「集合」がはっきり二分されていることで，自分の周囲に同じ服装がいると感じとりやすく，逆にD型では，同種の「集合」が二分され，同じX人でも，実際より少ない人数に感じてしまうからではないかと推測される。A型，C型はB型と同じようにまとまった「集合」であるが，A型の全体の中央で周りに取り囲まれている感じや，C型の集合の隅で手前にあることなどで，B型より場違い感が高くなっていると考えられる。

　以上から，場違い感は，他者の存在がどのような状態であるかに左右されており，服装は自己判断で着用しているつもりだが，実は他者に大きく影響されているといえる。よくどこかに行くときなど，同伴者と「今日は何を着て行く？」と相談し合うのも，その一例といえる。

（3）自己評価と他者評価

　ある「場」に自分はふさわしいと思って着用してきた服装が，他者にはどの程度ふさわしいと見られているのだろうか。ホテルで開催された大学の謝恩会で，当事者には今日の服装は，この場にどれくらいマッチしていると思うかを聞き，後日，第三者にその場と服装の写真を見せて同様に聞いた[4]。その結果，当事者による自己評価と第三者による他者評価には，高い相関がみられたが，当事者が「マッチしている」と感じる場合には，第三者よりも自己評価は高い評価をし，当事者が「マッチしていない」と感じる場合には，第三者よりも低い評価をする傾向がみられた。自己評価には自己満足感が影響するが，他者評価にはその要素が作用していないこと，また，当事者は否定的に思っても，第三者はそれほど他人のことは気に留めていないことがわかる。

3　服装とパーソナルスペース

(1) パーソナルスペース

　場における人とのかかわりは，一人の他者との間でも服装を通しても起こりうる。例えば，道で人とすれ違う場合，自分にとって相手が普通の服装であれば，何の意識もなく通り過ぎるであろう。しかし，相手が危険を感じるような服装，印象のきわめてわるい服装の場合は，遠巻きに歩いたり，離れていこうとしたり，場合によってそこから逃げるという選択も考えられる。

　ソマー(Sommer, R.)が定義したパーソナル・スペース(personal space)とは，個人を取り巻く目に見えない，持ち運びの可能な境界領域で，その中に他者が入ると心的不快を生じさせる空間である[5]。さらにホール(Hall, E. T.)は，アメリカでの観察において，相互作用の目標，対人関係の親疎，役割行動から以下に記すように対人とのとりたい距離感が違うという[6]。

①**密接距離**(45 cm 以内)：相手のにおいや体温が感じられ家族，恋人や親しい友人で許容される。
②**個体距離**(45～120 cm)：友人・知人などとの通常の会話ができる。
③**社会距離**(120～360 cm)：商談などの仕事の話ができる。
④**公衆距離**(360 cm 以上)：講演など多数者を前にして緊張せずに一方的な働きかけができる。

　この定義を踏まえて考えると，相手との関係性のほか，どのような態度や服装であったかなどの要因によって，前述した対人への対応のしかたは，多分に変わることが想定される。

(2) 服装と一方向の対人距離

　パーソナルスペースに服装の要因が加味されると，対人の距離感は変わるであろう。これに関して，男女評価者に3 m 程度の道の両側に〈男・男〉〈女・女〉〈男・女〉の組み合わせで両側に人が立っていたとし，「普通の」「怪しそうな」「怖そうな」「不潔そうな」「過激な感じの」「上品な」「やぼったい」の服装の7種類が両端にいた場合，どこを歩くかの評価調査を行った[7),8]。

① 両側が同性間〈男・男〉，〈女・女〉の場合

　道のどこを歩くのか左右の比でみると，両側が同じ印象の服装ならば，人は中央を歩く(図5-5 A)。しかし服装が変わると選ぶ位置が変化する。

　女子評価者では(図5-5 B)，片側が「怪しそうな」「不潔そうな」服装で，もう片側が「普通の」「上品な」服装のとき，〈男・男〉「81：19」，〈女・女〉「82：18」と，ほぼ「4：1」になり，「怪しそうな」「不潔そうな」からは，4倍遠くに離れた。

　男子評価者では(図5-5 C)，〈男・男〉「73：27」，〈女・女〉「72：28」となり，「怪し

そうな」「不潔そうな」からは，2.5倍遠くに離れる。服装だけの印象でその距離感が変わると同時に，女子評価者は厳しく評価し，男子評価者は女子評価者より評価が緩和されている。

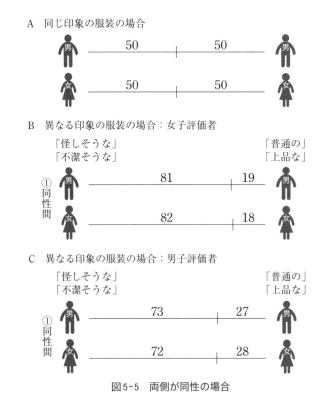

図5-5　両側が同性の場合

② 両側が異性間〈男・女〉の場合

両側の男女が「普通」同士の場合（図5-6 A），この時点で女子・男子評価者ともに，女性対男性の距離間比は「2：3」となり，男性には，もともと男女とも近づきたくない結果である。ここに服装の要因が入ると位置の移動が起こる。

女子評価者では（図5-6 B），「怪しそうな」「不潔そうな」女性と「普通の」男性の場合は「75：25」と，片側が女性であっても男性のほうに寄りたがる。逆に「怪しそうな」「不潔そうな」男性と「普通の」女性の場合は「84：16」と，今回の組合せのなかで一番距離感の格差が生じ，もともとの男性を避けたい思いがより一層強くなる結果となった。

男子評価者でも（図5-6 C），女性側が遠いのが，「不潔そうな」女性と「普通の」男性の場合「62：38」であり，男性側が遠いのが，「不潔そうな」男性と「普通の」女性の場合「72：28」で，女子評価者ほど両側男女比の差はないものの，服装からの捉え方は同じであった。

これらの結果より，両側の男女がともに不快感がなく，自分にとって感覚的に差し障りのない服装であれば，「2：3」の割合で男女評価者ともにまず女性側に寄る行動があり，そこに服装の要因が加味されると歩きたい位置が変わり，特に「怪しそうな」「不

A 同じ印象の服装の場合

B 異なる印象の服装の場合：女子評価者

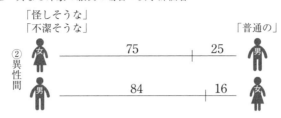

C 異なる印象の服装の場合：男子評価者

図5-6 両側が異性の場合

潔そうな」のほか，「怖そうな」という服装は両側が男女関係なく，服装の印象から「離れたい」「避けたい」思いがある。また，これらの判断には，女子評価者のほうがはっきり拒否態度をとる傾向がみられる。

（3） 服装と四方向の対人距離

さて，前項では直線的なパーソナルスペースだったが，さらに人の前後左右の広がりをもつ平面的なパーソナルスペースでは，どこまでが近寄っても許せる範囲なのかという視点から考えてみよう。この検証に，四方を6mと設定した紙上の中央に自分がいた場合，どのような服装だとどこまで近寄れるのかを任意に線で記入する評価を女子学生に行った[9]。

すると，自分が中央に位置したとき，他者が近寄れる範囲の形状は，全体の平均値で

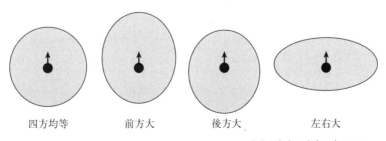

本人が矢印の方向に向いている

図5-7 境界線の形状の傾向

は円状に近いものになるが，その各評価者の内容は，近寄って欲しくない人，近寄っても構わない人，また服装の種類問わず，前後左右の数値が，四方均等，後方より前方が大，前方より後方が大，前後より左右が大などに分類できる（図5-7）。

　そのなかでも服装の要因がなく，単に「近寄って欲しくない人」，「近寄っても構わない人」のどちらも前方にスペースがとられる結果であったが，「近寄って欲しくない人」は，「近寄っても構わない人」より，意識上，面積で7.7倍も大きなスペースを必要とした。

　さらに服装を示した場合は，その服装の印象が好まれ「快」と思うものは，評価者の前方にスペースがとられ，逆に好まれず「不快」であるものは，評価者の後方にスペースがとられる傾向にあった。また，パーソナルスペースの広さも，他者への「好き・嫌い」「快・不快」の感情と関係し，快・好きな相手の場合は，パーソナルスペースが狭い結果となった。

参考文献

1) 山岸健：「社会学の文脈と位相　人間・生活・都市　芸術・服装・身体」，p.339，慶應通信（1982）
2) 内田直子，小林茂雄，長倉康彦：人形モデルによる集合内の服装の場違い感に関する実験的研究（第1報）ランダム配置の場合，繊維機械学会誌，第52巻，第6号，pp.46-53（1999）
3) 内田直子，小林茂雄，長倉康彦：人形モデルによる集合内の服装の場違い感に関する実験的研究（第2報）グループ配置の場合，繊維機械学会誌，第52巻，第11号，pp.46-52（1999）
4) 内田直子，小林茂雄，長倉康彦：服装の適合感に関する自己評価と他者評価の関連〜謝恩会の場合について〜，日本官能評価学会誌，第3巻，第1号，pp.31-34（1999）
5) 中島義明ほか編：心理学事典，p.687，有斐閣（1999）
6) 中島義明ほか編：心理学事典，p.549，有斐閣（1999）
7) 内田直子，小林茂雄：服装の印象からみた相対的対人距離感，日本繊維製品消費科学会2006年年次大会研究発表要旨，pp.81-82（2006）
8) 内田直子：服装の印象からみた相対的対人距離感・Ⅱ　男子大学生と女子大学生の比較，日本繊維製品消費科学会2007年年次大会研究発表要旨，pp.125-126（2007）
9) 内田直子：対人の服装印象とパーソナルスペースの変化，日本家政学会第62回大会研究発表要旨集，p.119（2010）

1. なわばり研究

　人と空間の研究には，パーソナルスペースのほかに「なわばり」(テリトリー)研究もある。なわばりは，ある程度固定した場所や地域を中心として，他者に無断で侵入されると不快感があり防衛の必要を感じる範囲のことである。これは動物学において古くから注目されてきた行動の一つである*。

　動物学者のローレンツによれば，珊瑚礁に棲む熱帯魚は，鮮やかな色彩をもっているが，これは仲間に対する一種の警告信号という。熱帯魚は，ある場所に一匹で定住することが多いが，仲間の魚がそこに侵入しようとすると激しい攻撃をかけて追い払う習性がある。つまり「なわばり」をもっている。頻繁に仲間の魚が侵入すれば，いちいち追い払う必要があるが，あらかじめ身体の色彩で「ここには近づくな」という信号を出しておけば，無用な侵入を思いとどまらせる**。

　魚は，もともとの身体に色彩が備わっているが，人間の衣服のように日々交換が可能なものであれば，ときに応じて服装からのメッセージでなんらかの「なわばり」の主張をすることも可能であろう。

出典：＊ G. T. ムーア，D.P. タルト，S. C. ハウエル(訳・小林正美，三浦研)：「環境デザイン学入門」，p.141, 鹿島出版社(1997)

　　　＊＊ 小林秀樹：「集住のなわばり学」，p.13, 彰国社(1992)

2. 装いと着席位置の選択

　もし，電車の横長7人掛けシートで左端にすでに人が座っていれば，おそらく次に座る多数の人は，その反対側の右端に座るであろう。日常，着席する場面はたくさんあり，どこに座るかも一つの「なわばり」と考えることができ，文化人類学，心理学，建築学などで広く取り上げられている。

　では，このとき，服装の要因が入ってきたらどのようになるのか。その一例として，「電車の7人掛けシートの中央に自分と同じ服を着た人が座っています。あなたはどのシートまでなら座れますか。座れる範囲に斜線をひいてください。」と電車のシート図に書き込み式で女子学生に問うと，95％はその人から何かしら離れたい意識があった。さらに全体の91％は同じ側のシートに座ることを避け，83％は正面向かい側シートに座ることも避けたい結果となった。またなかには「車両を変える」というのも2％あった*。

　被服の要因を介すと通常の空間研究だけではみえない，生活者としての部分が垣間みられ，より人間・環境系研究の幅が広がるといえる。

出典：＊ 前田華乃：衣服における他者との心理的な関わり～"ストレス"の視点から～，大妻女子大学卒業論文(被服心理学研究室)(2014)

6章　集団と装い

1　集団規範と着装行動

　多人数の行動という観点から着装を考えた場合，2つの問題をあげることができる。一つは集団規範と着装であり，もう一つは多人数の同調行動と着装である。後者は流行に通じる問題ともいえる[1]。集団規範(group norm)における集団は，何らかの共通目標をもつ人々の集まりである。例えば，学校，職場，スポーツクラブ，趣味サークル，成人式，病院(患者服)，就職活動の場(リクルートスーツ)，温泉ホテル・旅館(浴衣)などが該当する。集団規範とは，その集団に所属するメンバーが，従うことを要請される判断，態度，行動などの基準(枠組み)となるものである。

　集団規範から衣服をみた場合には，制服(ユニフォーム)の問題がある。服装大百科事典の上巻「制服」の項からの引用すると「制」とは，法廷を意味し，制服とは，法律によって定められた服，規制された服，強制力を伴った服である。その強制力は一様ではないが，制服には権威のあるものが着用する制服もあり，逆にいえば，制服を着ることによって権威づけられることもある。とくに強制力の強いもののなかに軍服があり，強制力の希薄なものにスポーツクラブのブレザーなどがあげられる。さらに制服は着用する人々すなわち，着用者にその団体の帰属意識を高める作用がある。一方で，制服を悪用した成りすまし詐欺事件などもよくあることである。本章の歴史にみる集団行動はコラムで紹介する。

　一般に制服(ユニフォーム)といわれるものは，①法的に規制された規格に従って着用する制服(警察官・自衛官などの制服が相当する)，②恒例に従って着用する制服(会社の制服が該当する)がある。集団のもつ同一性のことをアイデンティティ(identity)といい，職場の制服はCI(Corporate Identity)，学校の制服はSI(School Identity)としての機能が注目されている。

　最近では作業着のおしゃれも進化し，「カラフル，軽量，臭いもカット」した新たなユニフォームで職場環境を向上させ，イメージアップや採用活動につなげる企業が増えている。

2　学生の制服(洋服)

　制服は制度・管理の象徴である。また，社会的な記号であり，身分と地位を表し，ノンバーバルコミュニケーション(非言語情報伝達)行動の手段といえる。

「東京女子制服図鑑」は1980年代，東京都の女子高151校の制服を考現学の側面から取り上げている。女子高生は最新流行の西洋文化を好むハイカラの象徴だった[2]。当時はデザイナーブランドが流行した，学校がブランド化した時代に高校生がブランドを意識したことが，制服にも影響を与えたと考えられる。いつの世も女子高生たちは時代の空気を身にまといながら，独自の制服文化を生み出してきた。

　制服について，着装者はさまざまな感情をもち，周囲の人々も着装者の非言語行動にさまざまな感情をいだく。実際の場面においては，着装者の年齢・体型，どのような場面で着ているかという着装場面の要因と，服装の種類・デザイン・色などの衣服の要因が総合的に影響し合ったものとして，そうした感情は生じているといえる[1]。

　「快適性」に関しては，衣服の機能性を重視した感覚の生理的観点での研究がなされてきた。一方で最近の被服分野の教材では，安定したストレスのない状態(comfort)としての快適性と，心理的な好ましさも含め，価値観との総合作用として生まれる社会・文化的な積極的快適性(pleasure)がある[3]とし，感性の心理的な観点での心を重視している傾向がみられる。また科学技術が発達し，人間によって制御できるような住環境が得られる現代では，衣服の役割は，機能より表現の手段へ移行している[4]。

　現代は，産業のグローバル化やIT・情報技術の進化により，これまでは曖昧であった人の感性を客観的に測定でき，数値化・可視化することが可能となってきた。また，ライフスタイルや価値観が多様化し，個性，自分らしさが求められており，制服行動に生理的機能性を求める一方で，自分らしさを表現しようとする欲求も共存している。これらは広い意味でマズローの欲求の理論[5]が適用できると思われる。

3　高校生の制服行動の研究事例（東京都と地方の比較）[6]

　東京都と富山県の男女高校生811名を対象に，経済状況，現在の満足度，「制服着装行動」について調査した結果の一例である。体型に関する自己申告では平均身長が男子(170.7 cm)，女子(158.08 cm)。平均体重は男子(59.24 kg)，女子(48.38 kg)。平均BMIは男子(20.15)，女子(19.3)と標準BMI(18.5〜24.9)に比べると正常範囲のなかではやや低い値である。

（1）　高校生の制服着装行動：性別，地域別の比較

　「高校生の制服着装行動(33項目)」(表6-1)について4段階評定尺度(4.あてはまる，3.ややあてはまる，2.ややあてはまらない，1.あてはまらない)で調査を行った結果の一例である。

　男子高校生(全体)は入学のときに大きいサイズの制服を購入したり，卒業までの間にサイズの大きい新しい制服を購入したりすることがわかる。これは男子は高校入学から卒業までの3年間の体格の変化が，女子に比べると著しいためと考えられる。男子高校

表6-1 「高校制服の着装行動」における地域・性別の評定平均値と t 検定(N=811)

東京女子 N=260	富山女子 N=159	有意水準 (p)	「制服の着装行動」33項目	全体男子 N=392	全体女子 N=419	有意水準 (p)
2.69	2.78		1 制服のしわや,すそのほつれなどの型崩れが気になるほうだ。	2.39	2.72	***
2.56	2.54		2 制服が型崩れしないように気をつけて着ているほうだ。	2.27	2.56	***
1.68	1.55		3 制服を着ている自分はかっこいい,かわいいと思う。	1.76	1.63	*
2.54	2.26	**	4 制服を着ている異性はかっこいい,かわいいと思う。	2.53	2.44	*
2.45	2.01	***	5 私服より制服のほうが好きだ。	2.11	2.28	***
1.97	1.89		6 体型の成長を想定して,大きいサイズを購入している。	2.72	1.94	***
1.42	1.35		7 入学後,サイズが合わなくなり制服を新しく買ったことがある。	1.72	1.39	
2.4	2.7	***	8 身体にフィットする制服を着るように心がけているほうである。	2.51	2.52	
2.24	2.33		9 人と同じような見た目にしたくないほうである。	2.21	2.28	
1.66	1.83	*	10 制服を着るときのカバンや靴は,派手にしているほうである。	1.67	1.72	
2.42	2.69	**	11 衣替えの期間は,周りに合わせて制服を選ぶほうである。	2.4	2.53	
2.67	2.71		12 夏は透けることを想定して,目立たない色の肌着を選ぶ。	1.77	3	***
1.8	1.8		13 冬はコートでの着ぶくれを避け,防寒具はマフラーだけにする。	1.72	1.8	
2.24	2.55	**	14 雪ブーツは機能性よりデザインを重視するほうである。	1.87	2.36	***
1.6	1.74		15 夜間は危ないので,なるべく目立つ白などを着用するほうだ。	1.56	1.65	
2.37	2.28		16 少し暑かったり寒かったりしても,見た目を重視して我慢する。	2.03	2.34	***
2.07	2.04		17 制服を着るとスイッチが入る。	1.87	2.06	**
2.03	2.09		18 制服を着ると緊張感がもてる。	1.92	2.05	*
1.72	1.81		19 自分で制服にアイロンをかけるほうだ。	1.45	1.75	***
2.06	2.14		20 制服の洗濯の仕方を知っている。	2.02	2.09	
2.32	2.99	***	21 冬服は動きにくいと感じることがある。	2.73	2.58	
2.5	2.79	**	22 制服は着脱しづらいと感じることがある。	2.57	2.61	
2.44	2.33		23 今の制服には満足している。	2.69	2.4	***
2.64	2.62		24 白,黒,紺以外の色の制服に興味がある。	2.01	2.63	***
2.39	2.23		25 シャツやブラウスはパステルカラーが良いと思う。	1.89	2.33	***
2.44	2.47		26 服装が自由な学校はうらやましいと思う。	2.18	2.45	***
2.45	2.75	*	27 シャツの下に,色や柄物のTシャツや下着を着ることがある。	2.16	2.56	***
2.21	1.7	***	28 ネクタイ,リボンを緩めてつけるほうである。	1.74	2.02	***
2.59	2.11	***	29 腰パンをしたり,スカート丈を短くしたりしている。	1.71	2.41	***
1.64	1.3	***	30 かかとを踏んで靴を履いている。	1.68	1.51	
1.84	1.36	***	31 シャツやブラウスのボタンを規定より多く外して着ている。	1.67	1.66	
1.64	1.85	*	32 休みの日も制服を着て外出する。	1.4	1.72	***
1.51	1.45		33 放課後,制服のまま寄り道をすることに抵抗がある。	1.57	1.49	

($*$:$p<0.05$, $**$:$p<0.01$, $***$:$p<0.001$)

生は冬制服の袖が動きにくいと答えており，袖ぐり(armhole)のパターンデザイン，伸縮性のある素材に改善が求められる。

　女子高校生(全体)は男子高校生に比べ，型崩れが気になる生徒が多いことから，スカートのプリーツなどのデザインに改善が求められる。また，制服着用時の見た目を気にしている。さらに，女子高校生のほうが男子高校生よりも制服を着崩して着用している。

　女子の地域間で，もっとも平均値が高かった項目をみると，東京は「1. 制服のしわや，すそのほつれなどの型崩れが気になるほうだ」であり，富山は「21. 冬服は動きにくいと感じることがある」であった。一方，東京のほうが富山よりも評定平均値が高く，有意差($p < 0.001$)がみられた項目は「5. 私服より制服のほうが好きだ」「28. ネクタイ，リボンを緩めてつけるほうである」「29. スカート丈を短くしたりしている」など6項目であった。東京では女子高校生も「ネクタイ」を採用したり，女子高校生は「リボン」，男子高校生は「ネクタイ」といった性別による区別はしていない。韓国の首都ソウルの女子高校生も制服の襟元にリボンをつけないで，赤いネクタイを絞めている。ともに男女平等の考えから生まれたと思われる。

(2) 高校生の制服行動の構造(因子分析)

　男子・女子の制服着装行動をより総合的にみるために因子分析(最尤法，プロマックス回転)を行った事例を紹介する。番号は表6-1の項目番号を示す。高校生の「制服着装行動」の構造を総合的にみると，男子高校生は，『制服の着崩し(31, 29, 27, 16, 9, 10)』，『個性表現の願望(25, 24, 26)』，『制服への愛着(17, 3, 2, 4)』，『制服着用時の外見(12, 15, 13)』，『制服の機能性(21, 22)』の5因子で構成されている。

　女子高校生は『制服の着崩し(29, 31, 28, 30)』『個性表現の願望(25, 26, 24, 23)』『制服の管理(1, 2, 20)』『制服への愛着(3, 17, 4, 5)』『制服の機能性(22, 21)』『制服着用時の外見(10, 16, 9, 19, 13)』の6因子で構成されている。女子高校生は男子高校生にはない『制服の管理』の因子が現れ，型崩れや洗濯を気にするなど細分化されている。制服への愛着もあり，管理もしっかりと行っており，清潔な制服を着用していることがわかる。

　制服デザインの要素(肩幅や肩パットの有無，フィット感，上下の着丈のバランス，身幅のゆとり，着丈，袖の幅，衿の形，リボン，ネクタイ，上下の配色，ボタン，テキスタイル)は，制服イメージが保守的か現代的か，高校の魅力度，制服への愛着を大きく左右する。

　衣服の外見が内面の気持ちを高揚させることを考えると，制服が学校生活，学業などを含め男女高校生に与える影響はきわめて大きいと考えられる。衣服に対する美意識は時代とともに変わるものであり，高校生の制服への気配りも視野に入れ，制服のモデルチェンジや校則の指導が求められる。

　多感な男女高校生は，時代とともに変わる美意識に合わせた自己表現で着こなしをし

ていると考えられる。しかし，高校生世代流の着こなしは，学校の制服規制に違反した着崩しになることもある。まったく違う服を着ると校則違反になるが，着丈やボリュームが違うのは程度の問題とされ，女子高校生なりのおしゃれを楽しむ知恵であり，抜け道にもなる。

4　自由記述の分析（テキストマイニング）事例

（1）　制服における学校校則とその内容

　　テキストマイニングとは自由記述が得られたときに，テキスト（言葉・文章）をマイニング（採掘，mining）することであり，言葉（テキスト）のなかに埋もれている情報を掘り起こして，視覚的に可視化することである[8]。本事例は高校を卒業したばかりの大学生220名に，高校制服着用経験の調査を行った結果である。

　　「校則」に従って制服を着用していた学生は，男子94名（79%）の方が女子64名（64%）より多い。「制服に関する校則の内容」について単語の出現回数を図6-1に示す。「スカート」の登場回数が104となっているが，「スカート」という単語が104回登場したことを意味している。他の組合せに目を移すと，「スカート」と「曲げる」(57)，「留める」と「ボタン」(67)，「しめる」と「ボタン」(24)，「リボン」と「つける」(9)，「シャツ」と「ボタン」(20)の回数が多い。

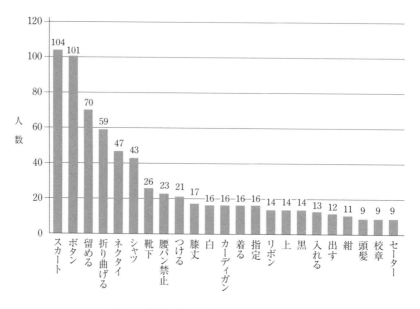

図6-1　制服に関する校則の内容（N = 220）

　　男女を合わせた全体の上位1〜5位で出現回数をみると，「スカート」が104回（47%），「ボタン」が101回（45%），「留める」が70回（32%），「折り曲げる」が59回（27%），「ネクタイ」が47回（21%）である。また，「白」16回（7%），「黒」14回（6%）　のほかに，

「紺」11回(5%),「グレー」「茶」「ベージュ」と色に関する回答があり,靴下の色や髪の毛の色,シャツの色に関する校則もある[7]。

(2) 制服の着用と個性

「制服を着る際に,個性を出すために何かしていたこと(ポジショニングマップ)」について,用語の出現回数を調査し,カテゴリ化(単語化)を行い,0・1(ゼロ・イチ)データのクロス表を作成する。次に,単語のポジショニングマップを作成し,カテゴリ間の関係性を可視化(visualization)する。

横軸の右側が「制服」,左側が「雑貨」,縦軸の上が「変える」,下が「つける」と解釈できる。生徒は制服や雑貨・髪に,何かつけたり,変えたりする行動をしていることを意味している。

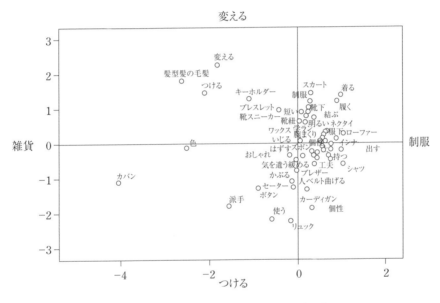

図6-2 制服着用時に個性を出すためにしたこと

図6-2の右上をみると制服を着用する際に個性を出すために,スカートを短くしたり,曲げたり,学ランなど制服そのものを変えたりしている。右下はシャツ,セーター,マフラー,ネクタイなどで個性を出している。左下はカバンや靴を派手にしたり,ブレスレットやキーホルダーをつけたりすることで個性を出している。左上は髪型を変えたり,色を変えたり,ボタンを変えるなどで他人と差をつけていることがわかる。

男女を合わせた全体の上位1～5位の回答は「カバン」が51回(23%),「髪型」が24回(11%),「派手」が22回(10%),「変える」が19回(8%),「色」が17回(7%)である。これは制服が紺色や黒色などの地味な色合いのものが多いため,カバンや靴などの雑貨を派手なものにしたり,制服の着装を変えたりする傾向がみられる。

カテゴリ化(言語化)0・1(ゼロ・イチ)データのクロス集計表より,「カバン」と回答

4 自由記述の分析(テキストマイニング)事例

した人は，同時に「派手」，「靴」，「使う」と回答していることから，雑貨にこだわる人はカバンも靴も派手にしていたと考えられる。個性を出すために，「髪型－変える－ボタン」「カバン－派手－色」「ガーディガン－色」「キーホルダー－つける」「リュック－使う」などの行動をとっている。

以上のテキストマイニング手法は自由記述のデータが得られたときに，テキスト（言語・文章）をカテゴリ化（言語学的手法・頻度による手法）し，その結果を多変量解析の手法を用いて解析する手法である。また，重要なキーワードの登場頻度や複数のキーワード間の関係を把握することができ，文章を定量的かつ視覚的に整理することが可能になる[8]。

5　浴衣；スローファッション（和服）

浴衣（ゆかた）は着物に比べてカジュアルで，主に綿素材が中心である。用途は2種類（温泉旅館・ホテルで館内着に着る浴衣と夏の外出着，夏祭りや盆踊りのときに着る浴衣）に大別できる。

浴衣の着装感情における男女の違いを検討した事例を紹介する。温泉施設で自分の好みで選べる浴衣（または色浴衣）を着てみることは若者や外国人に非日常を体験させ，和文化を楽しませる手軽な手段であると考える。

図6-3　東京都の日帰り温泉施設の浴衣の様子
（撮影：孫珠熙）

この事例では，選べる浴衣が温泉街の雰囲気にマッチし，良い空気をつくる手助けになっていれば，地域活性化や人々の気持ちの高揚・癒しにつながる可能性があることを検討した。温泉浴衣の様子を図6-3に示す。

予備調査の質問内容は，浴衣の着装場面（①温泉用浴衣，②晴れ着用浴衣；イベント用）によっていだくイメージについて，それぞれの場面ごとに3つの例を自由記述方式により答えを求めた。回答者が発信した言語（テキスト）の出現頻度を分析し，浴衣着装イメージに関する形容語を上位33項目選んだ。予備調査の結果で得られた33項目の形容語を基に本調査では「温泉の浴衣を着たときにもつイメージ」について複数回答を求めた。同様に「晴れ着の浴衣を着たときにもつイメージ」についても同じ33項目を設定し，複数回答を求めた。以下は大学生106名を対象とした本調査の結果である。

（1）イベント用浴衣と温泉宿用浴衣のイメージ比較（男子）

イベント用（晴れ着）と温泉宿用の浴衣を着たときにもつイメージについて，男子48名に複数回答を求めた結果を図6-4に示す。男子は温泉宿用浴衣が落ち着く（57.1%），涼しい（57.1%），楽な（51%），ゆったり・さわやか（46.9%），清潔（44.9%）と感じてい

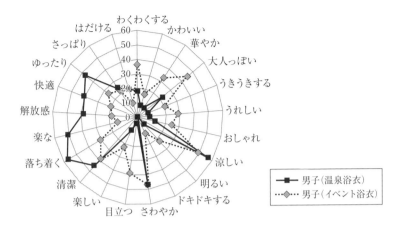

図6-4 イベント浴衣と温泉浴衣のイメージ比較(男子)

る。また，イベント用浴衣を涼しい(49%)，さわやか(46.9%)，大人っぽい(44.9%)と感じている。それぞれの場面の浴衣を着たときにもつイメージには明らかに差異がみられる。男子は「さわやか」，「涼しい」，「清潔」などが，温泉浴衣にもイベント用浴衣にも上位に現れ，男子がいだく浴衣のイメージは，生理的な温度，気候としての快適性であることがわかる[9]。

(2) イベント用浴衣と温泉宿用浴衣のイメージ比較(女子)

イベント用(晴れ着)と温泉宿用の浴衣を着たときにもつイメージについて女子58名に複数回答を求めた結果を図6-5に示す。女子は温泉浴衣をゆったり(52.6%)，楽な(51.7%)，快適・落ち着く・涼しい(48.3%)と感じている。また，女子はイベント用浴衣をわくわく(63.8%)，かわいい・華やか(55.2%)，大人っぽい・うきうき(46.6%)と感じ，明らかに差異がみられる。

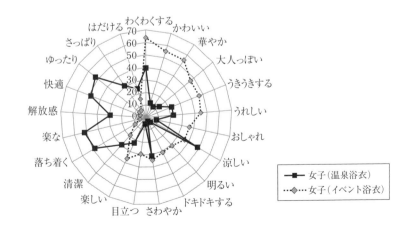

図6-5 イベント浴衣と温泉浴衣のイメージ比較(女子)

イベント用浴衣と温泉宿用浴衣のイメージの比較から，女子は温泉浴衣には「ゆったり」「楽な」など体型やサイズを意識した生理的快適性を求めており，イベント用浴衣には「わくわく」「かわいい」「華やか」などの心理的快適性を求めていることがわかる[9],[10]。

参考文献

1) 小林茂雄：「装いの心理」，（株）アイ・ケイコーポレーション(2003)
2) 森信之：東京女子制服図鑑(151校完全収録)，弓立社(1985)
3) 岡田宣子：「ビジュアル衣生活論(4章 装いと健康)」，p.24，建帛社(2010)
4) 牛腸ヒロミ：ものとしてこころとしての衣服，NHK出版，放送大学教材(2011)
5) フランク・ゴーブル著小口訳：「マズローの心理学」，産業能率大学出版部(1972)
6) 孫珠熙，元林理佳：東京都と富山県における男子・女子高校生の制服着装行動の構造，富山大学人間発達科学部紀要10,(2),p.193-203(2016)
7) 孫珠熙：テキストマイニングによる高校制服着用時の感情の可視化，富山大学人間発達科学部紀要，10,(2),p.181-191(2016)
8) 内田治他：「SPSSによるテキストマイニング入門」，オーム社(2012)
9) 孫珠熙：浴衣の着用体験が温泉地域の活性化やファッションセラピーに及ぼす影響，富山大学人間発達科学部紀要10,(1),p.145-159(2015)
10) Ju-hee SOHN, K.kamachi: Differences in Impressions Associated with Yukata Worn at Events and Those of Those Worn at Hot spring Resorts and the Differences in Yukata Preferences Based on Gender, PT1137, IFHE 2016(国際家政学会 Daejeon Convention Center)

1. フランス革命に「サン・キュロット」がもたらした自由

歴史にみる身分制度では，衣服にさまざまな規制があった。衣服の色や形で身分の違いを表した例は世界でも多くみられる。ヨーロッパでは1789年にフランス革命が起こり，当時のフランス社会は身分制度がなくなった。

フランス革命を支持した労働者は自らを「サン・キュロット」と称し，それまで平民労働者が主に着用していたゆるい長ズボンを定着させた。「サン・キュロット」とは「タイトな半ズボンを穿かない」という意味である。革命が起きる前，ヨーロッパ社会では王をトップに，身分の順序は僧侶，貴族，平民で，身分によって人々の服装はそれぞれ違っていた。ところが，フランス革命の結果，平民が力をもつようになると，それまでの豪華で派手だった貴族のキュロットがきらわれるようになった。そして平民が着るものは，身分の違いや差が，表面に現れないようにつくられた*。

フランス革命から今日まで，紳士服の背広(スーツ)の原型は変わっていない。フランス革命によって，平民は単色・無彩色の地味なものを「市民の制服」として着始めた。

出典：* 鷲田清一監修：「服の力3」, p.34, 岩崎書店 (2007)

2. ニュールックの影響と女子の社会進出

New Look (1947)
クリスチャン・ディオールのニュールック

第二次世界大戦中，日本国内では国民(衣)生活にはさまざまな制限が加えられた。ぜいたく品が禁じられ，1940(昭和15)年は男子の国民服が制定され，ついで，1942年には女子の「標準服」が制定された。これは，政府が法律で国民の制服を決めたことを意味する。この女子の標準服は定着しなかったが，もんぺを組み合わせた格好として普及していった。当時，服装は社会のなかで自然と，男は男らしく，女は女らしくというように決まっていった。

戦後は，女子が社会に進出することで，「男女平等」の考え方が生まれてきた。

ヨーロッパでは1947年，クリスチャン・ディオールのニュールック(New Look，新しいルック)が発表され，膝下の長くてゆったりしたフレアスカートが，エレガントな女らしさを強調した平和のシンボルとして世界に広まった。日本国内でもその影響を受け，女性の標準服として普及していたもんぺはその後定着できず，スカートへと変わっていった。

7章 社会的役割と装い

1 社会的役割とは[1]〜[3]

　私たちは，さまざまな集団に属しながら社会生活をしている。この集団，すなわち社会組織のなかでは，各個人はそれぞれに割りふられた役割を果たしながら生活している。この役割を社会的役割(social role)，あるいは単に役割という。3章「自己概念と装い」の(1)自己の発達・衰退に対する装いの影響(p.21)のなかで，先取りの社会化についてふれたが，その際に述べた役割取得の役割とは，この社会的役割のことである。

　他者が個人に対して，その地位や職業などに応じてなされるはずの行動を期待するとき，その期待のことを役割期待という。例えば，会社では部長は部長としての，係長は係長としての役割を演ずることが期待されている。また，家庭では父親は父親としての役割，母親は母親としての役割を演ずることが期待されている。職業の面からみれば，警察官は警察官としての，医者は医者としての役割を演ずることが期待されており，その職業にふさわしい身なりでふるまうことが期待されている。

　人が役割に応じて具体的に示す行動を役割行動というが，この役割行動は役割知覚によって獲得され，それが遂行されると，実行された役割といわれる。役割知覚とは，自分や他者の役割が何であるかを認知すること，または，どのような役割期待が寄せられているかを認知することである。

　個人は集団，あるいは社会のなかで，同時に複数の役割をもつ場合が多い。個人がかかわる，いろいろな役割の間で対立した行動が期待される場合，その個人はいずれの役割を選択するかについて葛藤を経験する。この役割葛藤は，複数の役割の間で生じる場合が多い。自己と他のメンバーとの間の役割知覚に不一致がある場合，また集団メンバー相互間に役割期待の相違がある場合，あるいは自己の役割遂行能力に問題がある場合などでは役割葛藤が起こる。役割葛藤は，個人の価値基準や社会的態度を知る手がかりにもなる。

　役割遂行や役割期待に衣服は直接的，あるいは間接的に関係している。デパートやレストランの従業員の服装は，各役割を演じていることを他者に伝達する機能をもっている。それぞれの役割に期待されている服装と，その役割をもつ当人がふさわしいと知覚している服装が類似している場合は問題ないが，自分自身の知覚と周囲の他者の期待が一致しない場合には役割葛藤が起こる。

　さて，社会的役割は，付与役割(帰属的役割)と達成役割(獲得的役割)に大別される。付与役割とは，性別，年齢，婚姻，血縁関係などによって，必然的かつ自然に割りふ

られた役割をいう。この役割の例としては，性役割（心理的・社会的な面からみた男性・女性としての役割），年齢的役割（例えば，若年者・高年者としての役割），家族的役割（例えば，父親・母親，夫・妻としての役割）などがある。性役割・年齢的役割と服装については後述する。家族的役割については，家事，育児のほかに，衣服の購入は女性の役割というステレオタイプ的な考えには，変化がみられるようになってきている。これに対して，達成役割とは個人の能力や努力によって取得した役割をいう。この役割の例としては，職業的役割（例えば，医者，警察官，教師としての役割），職業以外の集団メンバー的役割（例えば，政治団体，宗教団体，スポーツクラブ，趣味サークルにおける各メンバーの役割）などがある。職業的役割と服装については後述する。

2　社会的役割と服装[1),2),4)]

（1）性役割と服装

　性役割は社会や文化のなかで，男性・女性のカテゴリーにふさわしいと期待される行動様式，人格特性，態度，意識などである。性役割と服装との関係においては，男性には男らしい装いが，女性には女らしい装いが期待されている場合が多く，乳児のときから，性の違いにより異なる衣服を着用することが多い。例えば，女の子であればピンク系の色のかわいらしいデザインの衣服，男の子であればブルー系の色の衣服を着用させられ，このときから女性は女らしい服装を，男性は男らしい服装を意識した着装行動が始まる。

　女性の服装，男性の服装を服装スタイルの違いからみた場合，本来，女性はスカートスタイル，男性はズボンスタイルであったといえる。しかしながら現在，女性はスカートスタイルとズボンスタイルの両方を着用している。このことからみると，服装スタイルは女性側から男性側に接近してきているといえる。このように服装の世界ではユニセックス化が進んでおり，男女間における服装の不明瞭化をもたらす要因となっている。

　女性がズボンスタイルをしたのは，1850年にアメリカで雑誌の編集長をしていたアメリア・ブルーマ夫人が最初であり，ドレスの下にズボンを着用した。その着装スタイルに，女性がズボンスタイルをするとは生意気だと世間から非難を浴びせられた。わが国において，ズボンスタイルで女性が抵抗感なく街頭を歩くようになったのはそれほど以前からではない。ましてや，ジーンズスタイルが女性に定着したのは，1960年代後半から1970年代前半にかけてのジーンズブーム以降である。女性のズボンスタイルの着用が，社会に受け入れられるまでにはさまざまな葛藤があったが，コラムにその一例を示している（コラム1．ジーパン論争，2．「女性はスカート」英国で論争 p.65参照）。

　さて性役割に関連して，男らしい，女らしいとはどのようなことなのであろうか。男性性（男らしさ），女性性（女らしさ）の性度尺度はいくつかのものが開発されている。それらの尺度の一つとして，ベム（S. L. Bem）の性役割尺度（Bem Sex Role Inventory；

BSRI)[5]を取りあげる。ベムは図7-1に示すように,「男性的タイプ」「女性的タイプ」「両性的タイプ」「性未分化的タイプ」に分ける考え方を提唱したが,これは従来の「男性的・女性的」の軸のほかに,「両性的・性未分化的」の軸を新たに導入した点に特徴がある。ベムは原論文のなかで,男性性尺度得点と女性性尺度得点の差の関数をもとに尺度値を求めているが,これに関しては,本書の巻末の付録2心理的測定尺度を参照されたい。

ベムの分類による「男性的男性」や「女性的女性」タイプの人は減少傾向,逆に「男性的女性」や「女性的男性」タイプの人は増加傾向にあり,「両性的男性」や「両性的女性」タイプの人もやや増加の傾向にあるといわれている。

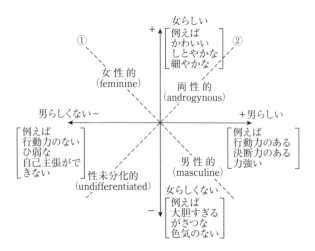

図7-1 性役割尺度の考え方

ベムの分類の考え方を服装に適用してみると,「男性的な装い」「女性的な装い」「両性的な装い」「性未分化的な装い」に大別できるであろう。なお,「両性的な装い」とは男らしく,かつ女らしい装いであり,例えば,色は女性色で男性的なデザインの装い,あるいは,その逆の装いである。「性未分化的な装い」とは男らしくも女らしくもない装いであり,ユニセックス,モノセックスの装いである。

ここでベムの性役割尺度を用いた研究事例として,杉山,小林[6]の研究をあげる。男子大学生95名,女子大学生100名の被験者に対して,女らしさの意識に関連する47質問項目につき,5段階尺度(そう思う,ややそう思う,どちらともいえない,ややそう思わない,そう思わない)を用いて評定してもらった。得られた評定データに因子分析という統計的手法を適用し,女らしさの意識に関する基本的因子を抽出した。なお因子分析とは,多くの質問項目における反応から共通的要素を抽出しながら,いくつかの基本的因子にまとめる手法である。

抽出された11個の因子のそれぞれについて,大きな因子負荷量を示した代表的な質問項目を次に示す。①女性的着装因子では,「お嬢さまルックをする」「ロングヘアにする」,②地味・平凡的着装因子では,「平凡で目立たない服装をする」「地味な服装をする」,③女性的家庭役割因子では,「子育てをする」「料理をつくる」,④流行・ブランド

志向因子では,「流行にそったものを着装する」「ブランドものを着装する」,⑤女性的外見因子では,「ぽっちゃりしている」,⑥キャリア・経済的自立志向因子では,「自立している」「てきぱき仕事ができる」,⑦ハイセンス着装因子では,「シンプルで洗練されたものを着装する」「ソフトな感じの服を着装する」,⑧外向的個性因子では,「ショートカットにする」,⑨人情的因子では,「人やモノをいつくしむ」「控えめな着装をする」,⑩男性的行為因子では,「お酒を飲む」「タバコを吸う」,⑪女性の装飾因子では,「アクセサリーを身につける」である。

一方,ベムの性役割尺度により大学生を各タイプに分類し,タイプごとに基本的因子の平均因子得点を求め比較することにより,各タイプの女らしさの意識の特徴をとらえることができる。図7-2は,性役割尺度のグループから純男性的,両性的,純女性的の3タイプについて示したものである。男子大学生では,純男性的男性と純女性的男性の間で,女性的外見因子,男性的行為因子,女性的装飾因子などに相反する特徴がみられる。

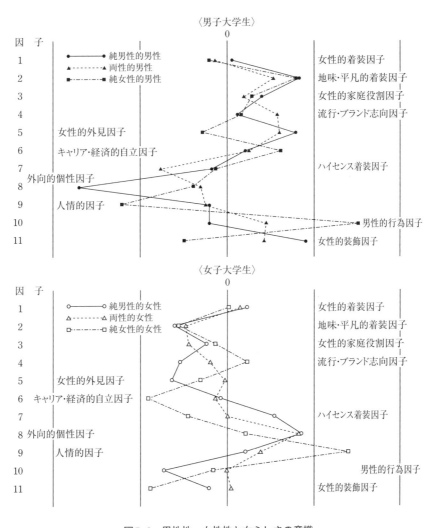

図7-2 男性性・女性性と女らしさの意識

また女子大学生では，純女性的女性と純男性的女性の間で，流行・ブランド志向因子，ハイセンス着装因子などに相反する特徴がみられる。両性的女性は全体的には，純女性的女性と純男性的女性の中間的な位置を占めている。

（2） 年齢的役割と服装

年齢的役割は児童・青年・中年・高年などのように，年齢のカテゴリーによる行動基準である。年齢的役割と服装の関係については，若者は若者らしい装いを，高年者は高年者らしい装いをというように，それぞれの年齢層に応じた服装が一般的には期待されている。年齢相応の服装，相応でない服装とは，年齢的役割と服装との関係を意識した表現である。

しかしながら，高齢者はもっと若々しい服装をして，若々しい気分で過ごすことが望まれている。このように年齢による服装の違いは以前に比べて差がなくなる傾向にあり，年齢的役割と服装の関係は不明瞭になってきているといえる。

（3） 職業的役割と服装

職業的役割は，医者，警察官，僧侶，企業経営者，サラリーマンなどのように，職業のカテゴリーによる行動基準である。それぞれの職業には，その職業にふさわしい行動のふるまい方が期待されており，このことは服装についても当てはまる。その期待に反した場合には，その職業にふさわしくないと周囲の人々からみられる。例えば，医者として紹介された人が，うす汚い白衣を着ている場合には，医者らしくない，信頼できそうでないと不信感がもたれるであろう。教師が非常に派手でラフな服装で教壇に立てば，教師らしくないとみられるであろう。

職業的役割と服装の関係については，制服（ユニフォーム，ここでは制服とユニフォームを同義語としている）とビジネスウエアが代表的なものである。職場における制服（ユニフォーム）は，職場内では職業意識や集団意識を高める効果を有するとともに，企業イメージの浸透と向上の手段としても用いられる。

多くの企業の製造部門では，作業効率，事故防止などの観点からユニフォームが決められており，着用することを義務づけている。また，事務部門や販売部門などでは，特に女性に対してユニフォームを決めている場合が多い。

ビジネスウェアについては，男性の場合，背広，ワイシャツ，ネクタイのスタイルはあたかもユニフォームであるかのように着用されてきたが，このスタイルにも変化がみられるようになってきている。一方，女性のビジネスウェアについては，スカートスタイル・スラックススタイルがあるほかに，上着のスタイルも多く，男性に比べてビジネスウェアのスタイルは多様である。このことが，女性にユニフォームを決めている企業が多い要因の一つであるといえる。

ここで水澤の「男性の通勤着スタイルに内在する要因」の調査研究[7]から，東京・丸の

内のオフィス地区で,「ビジネスマンの出勤時の通勤着スタイル」を観察法により調査した事例について述べる。なお, 観察法については, 巻末の付録1被服心理学の研究手法を参照されたい。

本調査では, 通勤着スタイルをスーツであるか, ジャケットとズボンの組合せであるかの2種類に, ワイシャツの色柄を白, ストライプ, カラーの3種類に分け, 計6種類に類型化している。また, 目視で判定できることを前提に20歳代から30歳代前半を若年層, 50歳代以上を高年層とした。職業との関係をみるために銀行と商社を選び, その企業のビルに入る通勤者により区別した。調査データ数は, 各場合について300以上を基準とした。

図7-3は調査結果の一例であり, 銀行と商社間で対比したものである。業種により通勤着スタイルに差のあることがわかる。なお, 図は若年層と高年層の合計の場合であるが, 若年層と高年層間の対比では, 銀行・商社ともにスーツに白のワイシャツスタイルは高年層に多いのに対して, スーツにカラーのワイシャツスタイルは若年層に多く, この傾向は商社において顕著にみられた。

これらの調査例から, ビジネスマンの通勤着スタイルが, 年齢や職業の業種により影響を受けているといえる。

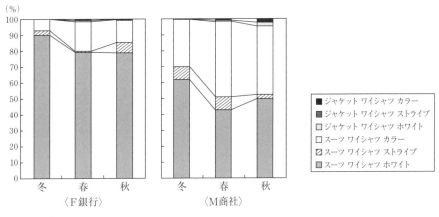

図7-3　男性の通勤着スタイル

また東京・丸の内のビジネスマンに「服装の実態と意識」についてアンケート調査し, 224名の有効データを収集した。なお調査法には, 配票調査法と郵送調査法を組合せた配布郵送調査法(アンケート調査票を配布し, 回答後に調査票を返送してもらう方法)を用いた

調査結果のなかから「服装に対する考え」について述べる。質問項目は, ①自分を相手に見せるときには服を注意深く選ぶ, ②服によって自分の気持ちを相手に示すことがある, ③服を着るときは人に良い印象を与えようと気を遣う, ④出かける前に必ず身だしなみを確かめる, ⑤着ていく服を選ぶときには人の目を考慮する, ⑥人が自分の服装をどう思っているか気になる, ⑦いつも自分の容姿に気を配っている, である。回答は

4件法(そう思わない，あまりそう思わない，ややそう思う，そう思う)で求めた。

図7-4は回答の割合を示したものである。④身だしなみ，③よい印象，①自分を見せる，⑤人の目の項目は，肯定的な回答の割合が多いものである。各年齢層の人数の割合をほぼ同じになるように，年齢を若年層(35歳以下)，中年層(36～50歳)，高年層(51歳以上)に分け年齢層別の視点から，また製造，銀行，商社の業種別の視点から考察すると，次のようなことがいえる。年齢別では，①自分を見せるの項目で若年層は肯定的回答が多く，⑤人の目の項目で中・高年層は肯定的回答が少ない傾向がみられた。また業種別では，②自分の気持ち以外のすべての項目で，商社は製造・銀行に比べて肯定的回答が多く，商社のビジネスマンは，他の業種より服による自己表現性の発揮に配慮している傾向がみられた。

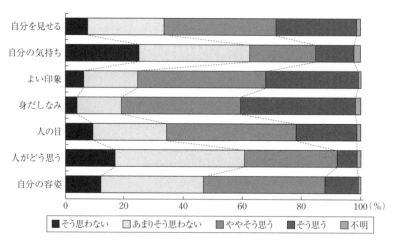

図7-4　服装に対する考え

参考文献

1) 小林茂雄著：「装いの心理」，p.41-45，アイ・ケイコーポレション(2007)
2) 被服心理学研究分科会編：「被服心理学」，p.111-113，「社会的役割と被服」(藤原康晴執筆)，繊維機械学会(1998)
3) 小川一夫監修：「社会心理学用語辞典」，北大路書房(2008)
4) 神山　進：「衣服と装身の心理学」，p.50-63，関西衣生活研究会(1990)
5) S. L. Bem: The measurement of psychological androgyny, Journal of Consulting and Clinical Psychology, 42, p.155-162 (1974)
6) 杉山真理，小林茂雄：女らしさに関する大学生の意識，共立女子大学家政学部紀要，38, p.57-63(1992)
7) 水澤真紀：男性の通勤着スタイルに内在する要因，共立女子大学家政学研究科修士論文(1999)

1. ジーパン論争

　1977年，大阪大学において，教師がジーンズを着用して受講していた女子学生に対して，「そのジーンズスタイルで受講するとは何事か」と教室から追い出すという事件が起こった。学生と教師とはその後，学内において議論したが，双方の主張はすれ違うばかりで解決には至らなかった。

　そこでの意見の大半は，学生側に非があるということ，「ジーンズは女子学生にふさわしくない」という教師の意見，および学生に対して自身の主張を断固として曲げなかったと教師の態度への賞賛の声であった。「ジーンズは若者のもの」「ジーンズはＴＰＯに合わせて着用すべきだ」という意見は，多くの投稿者に共有されていた。一方学生援護派は，当時男性に比べてジーンズ着用には，まだまだ多くの障害があったため少数であったが，教師の意見は男女差別であることを強く主張するものであった。

　「衣服」という単体ではなく，人が着用し，「服装」となるとき，それはすでに着用者までを含めたイメージとなり，一つの衣服以上の非言語記号として発信し始める。ジーパン論争の場合，教師は「若い女性にはジーンズはふさわしくない」と断じたが，わが国では，ジーンズ受容に性別と年齢による壁のあることが明らかになってしまった。

出典：「ジーパン」は誰のものか　小山有子（ネットウェブサイト情報）

2.「女性はスカート」英国で論争

　英国の職場で上司が女性職員に，ズボンからスカートに着替えるよう命じる「事件」が1999年11月に相次いだ。「女性がズボンをはくのは不自然」とする雇用者側に対し，命じられた女性側は「性別で服装を決めるのは差別だ」と反発。「男はズボン，女はスカート」という図式は，自然の決まりなのか，それとも現代社会にそぐわない差別なのかをめぐり，ちょっとした論争になっている。

　ロンドン・ウォータール駅で英仏を結ぶ新幹線ユーロスターの警備係として働く女性2人が，スカート着用を拒否したため職場をはずされ，職場復帰を求めて雇用調停を起こした。このほど開かれた調停で2人は「仕事の性格上，ズボンの方が快適で実用的」と主張，しかし雇用者の警備会社は，スカート着用を客と接する荷物検査部門だけで義務づけた。身なりをきちんとし，客と見分けがつくためにも「スカートは必要」と譲らず，調停はまとまらなかった。

　その2日前には，上司にスカートに着替えるよう要求され退職に追い込まれたとして，賠償を求めた英国プロゴルフ協会の女性職員の雇用調停がバーミンガムで開かれた。女性の服装をめぐる紛争は職場だけではない。1999年8月末には14歳の女子中学生が，女生徒にスカート着用を義務づけた校則は性差別として教育雇用省に異議を申し立てた。

　英国の学校や職場で，女生徒や女性職員にスカートの着用を義務づけたのは性差別にあたるかどうかが問われた「スカート論争」で，着衣の自由を主張する女性側に次々に軍配が上がっている。身なりについて「男らしさ」「女らしさ」を重んじる伝統が残る英国だが，服装の男女同権が定着しそうである。

　これらの事件の結果は，約3か月後の新聞に掲載されている。

　女子中学生の件については，学校側は翌年の9月の新学期から女生徒にズボン着用を認めるよう校則を改正することで，女子中学生と和解した。ユーロスターの警備係の女性の件については，雇用調停で会社側は女性警備員にアンケートを実施し，22人のうち20人が「スカートかズボンかは自分の意志で決めたい」との回答を尊重して和解が成立し，晴れて職場復帰した。一方，英国プロゴルフ協会の女性職員の件につては，裁判となり，裁判所が「スカート強制は性差別だった」として損害賠償の支払いを同協会に命じた。

出典：小林茂雄著：「装いの心理」，p.46，アイ・ケイコーポレーション（2007）より一部変更して転載

8章 社会規範と装い

1　社会規範の種類

　社会規範(social norm)とは，社会や集団のなかで，ある事柄に関して妥当，適当と人々に期待されている行動のことである。私たちの生活では，さまざまな場において社会規範があり，そのなかで直接的，間接的に影響を受けている。

　ホーン(M. J. Horn)の分類に従い[1]，社会規範の強制力や，その規範に従わなかった場合の社会的制裁の強弱より，小さいものから順に，習俗，慣習，習律，法律と分類することができる。このとき，法律は基準が明文化され明確であるため，前者3つとは異なるが，ここでは社会規範の発展したものと考え，一緒に述べる。

(1)　習俗

　この規範の強制力は小さく，逸脱しても社会的制裁は非常に軽微，または何も受けないこともある。例として，男性服と女性服のボタンとボタンホールの位置は逆になっている。しかし，女性が男性服を着て，通常の女性服と逆のボタンホールの位置であっても問題になることはない。

　また，フォーマルな場，ドレスコードの縛りのある場では，スーツ着用にネクタイは必需品であるが，インフォーマルな場，ドレスコードの縛りのない場では，ノーネクタイであっても問題にされない。さらに，現在日本では，2005(平成17)年から始まった環境省の温暖化対策の一つである「クール・ビズ」のもと，夏場はネクタイなしが奨励されてきた。そのため，それまでスーツにネクタイがサラリーマンの定番スタイルであったが，現在は夏場にネクタイなしが規範化してきている。

　このように，習俗は強制力が弱いため，若者の服装のカジュアル化や社会や時代の状況とともに変化する可能性が高い。

(2)　慣習

　このレベルの規範に従わない場合は，嘲笑や非難を受ける場合が多い。服装に関する慣習としては，冠婚葬祭や人生の通過儀礼に関するもので，例えば，誕生，七五三，成人式，結婚式，葬式などである。

　冠婚葬祭の四つのうち，特に結婚式，葬式は「しきたり」などとして重んじる度合いが強い。結婚式には白色のネクタイ，葬式には黒色のネクタイを着用する。これが逆であれば，同席者などから非難を受けることは容易に想像できる。また，洋服のときのボ

タンとボタンホールの位置は逆でもあまり問題がなかったが，和服の打ち合わせの場合は，男女とも自分にとって右側が手前にくる「右前」として着用する。このため，この打ち合わせが逆の左側が手前にくる「左前」は死者の着方とされ，これも忌みきらわれる対象となる。

（3）習律

習律は，道徳的，倫理的などの面から社会的に妥当かどうかに則って捉えられる規範である。特にこの規範にかかわるものは性的表現に関するものが多く，身体の露出の度合いなどはその典型的な事例である。

今でこそ日本の女性水着は，腹部のみえるセパレート型のビキニもあるが，もともとは戦後ビキニが輸入されても，機能性が悪かったり，社会文化的に身体の露出を良しと思っていなかったりしたこともあり，全く流行らなかった。1970年代に入ってから，ファッション雑誌の創刊やタレントが着用するようになったことなどから，一般にも広まるようになった。一体型からセパレート型が出現したときは，年配の人たちには，それまでの文化にないものが流入してきたため相当違和感があったと思われる（図8-1参考）。現在も身体露出を良しとしない宗教的文化圏の女性水着姿が，ある国の価値観に合わないと禁止され，反対派，賛成派と国を二分するほどの議論が起こった[2]。

習律は文化や宗教のあり方に強く影響を受けているが，この規範も時代の流れ，文化の受容のあり方により緩和される傾向にあるといえる。

図8-1　日本女性の水着の変遷

出典：木村春生：「水着の文化史」，pp.98-99，現代創造社（1984）より引用一部改変

（4）法律

服装と法律のかかわりは，歴史的にみても飛鳥時代の冠位十二階をはじめ，奈良時代の衣服令，江戸時代の奢侈禁止令などさまざまな取り決めがあった。冠位十二階は，官吏の階級を十二階級（徳・仁・礼・信・義・智に，大徳，小徳のように大・小をつけて

十二階の官位とする）に呼応して，それぞれに紫・青・赤・黄・白・黒の色を当て（濃紫・薄紫と濃・薄をつけて十二色）冠や衣服を決めていた。

現代では，衣服を着用しているか否かにかかわる，露出の規制に関する法律がある。

公然わいせつ罪　刑法第174条では，「公然とわいせつな行為をした者は，六月以下の懲役若しくは三十万円以下の罰金又は拘留若しくは科料に処する。」とし，不特定多数の面前で全裸になった場合などに適用されることがある。

軽犯罪法第1条20号では，「公衆の目に触れるような場所で公衆にけん悪の情を催させるような仕方で，しり，ももその他身体の一部をみだりに露出した者」としている。このほか，迷惑防止条例違反などでも，上記に準拠した内容を独自に条例としている自治体もある[3]。

また，特定の職務の制服について一般人が着用することを禁止している。通常，全く知らない人物と出会ったとき，その人物が職業用制服を着用していれば，制服から職種を判断し対応する。特に公職であったり，危機管理などにかかわるような職種であったりする場合は，市民は着用している制服を信頼し，生命をも預ける場合がある。そのため，その職種にない者が，それを着用することは，社会の秩序・信頼の根幹が揺らぐことになるため，法律では明確に禁止を記している。

軽犯罪法第1条15号「官公職，位階勲等，学位その他法令により定められた称号若しくは外国におけるこれらに準ずるものを詐称し，又は資格がないのにかかわらず，法令により定められた制服若しくは勲章，記章その他の標章若しくはこれらに似せて作つた物を用いた者」とあり，警察官，自衛官らの制服などを一般人が着用することは禁じられている。

さらに，警備業法（服装）第16条「警備業者及び警備員は，警備業務を行うに当たつては，内閣府令で定める公務員の法令に基づいて定められた制服と，色，型式又は標章により，明確に識別することができる服装を用いなければならない。」とあり，警察官及び海上保安官の制服などと区別することが求められている。

テレビ番組の警察ドラマなどで着用される警察官の制服は，上記の法律もあり，配慮がなされている。また，近年のコスプレブームでは，警察官に扮した服装をする者がいるが，本物にそっくりな場合はこの法律に抵触する可能性があり，安易な着用は気をつけなければならない。

2　社会規範の基準に影響される装い

服装は社会通念とのかかわりのなか，社会規範には「社会であまり気にされないこと」から，「非常に気にされること」まで幅があった。さらに装う意味を拡大してみると，髭，染髪，入れ墨への価値観も時代とともに変化している。

髭は明治の文明開化の頃や，昭和の戦中時期には，男性の威厳や権威を表す意味あい

があっただろう。しかし，昭和の高度成長期の1973(昭和48)年に行った調査で男性の髭率は5％という報告がある[4]。

また，染髪では，白髪であると年老いて見えることを嫌い，白髪を黒髪にする「白髪染め」が主流だった。それが，1990年半ば頃，黒髪の若者であってもファッションやおしゃれの一つとして，容易に金髪，茶髪に変えることが可能になった。2000年には若者以外も，カラーリングと称して，髪の色を変えることに違和感がなく台頭してきた。

髭，髪とも身体的には個人のものであっても，会社などによっては，その集団内で一人違う状況であると違和感が生ずる。特に接客業務のあるところでは，客のほうから苦情がくる場合もある。社員の意識・行動の変化に，会社の就業規則が追いついていないことが多く，社内トラブルに発展したり，裁判沙汰になったりすることもあった(コラム1.日本での髭や入れ墨と社会規範①, P.72参照)。そのようなことから，カラーリングでは色に番号をつけ，何番の色まで染髪が可能と事前にガイドラインを作るところもでてきた。

また，日本ではこれまで入れ墨は反社会的な印象が強いため，公衆風呂，海水浴，プールなどの出入りを禁止するところが多かった(コラム1.日本での髭や入れ墨と社会規範②, p.72参照)。しかし若者の間でタトゥーといったファッションとして認知されたりしており，必ずしもマイナスイメージだけにはなっていない。さらに，同じくマイナスイメージのない文化圏の人々が，日本に旅行者として来た場合，公衆風呂などではどのように対応したらよいのか，観光立国日本を目指す立場としては，この問題にどのように対処するのが最良なのか今後の課題となろう。

3 社会規範の変容

社会規範は文化，宗教，地域，時代によって異なっており，将来も続く保証はない。むしろ，変化する可能性が高いともいえる。変化するものとして，自然発生的に変化，社会の外圧によって強制的に変化せざるを得ない状況の2つがある。

自然発生的に変化する例として，七五三の20年以上にわたる定点観測の結果を紹介する[5),6)]。この調査は，都内のある神社において1990年から3年ごと，七五三のときに本人のほか家族の誰がどのような服装で参拝しているのか，各年200組前後の家族を定点観測したものである。七五三は，前述した社会規範のなかでは冠婚葬祭に準じ，神社仏閣にお参りに訪れる人の多くは，伝統的行事としての意識があるはずである。しかし長期にわたって和装率をみると，図8-2に示すように，本人の特に7歳女子の9割はずっと和装であるが，男子はおおよそ6〜7割である。さらに，同伴する家族では，母親の3割程度であるのは20年変わらないが，祖母は3割近くあったのが1割ほどに減少し，和服離れが顕著である。父親の和装は各年若干名存在するが，祖父に至っては，ほぼ皆無である。

また，母親の洋装は，1990年に多くいた「上下揃いのスーツ」の時代から，次に「上下

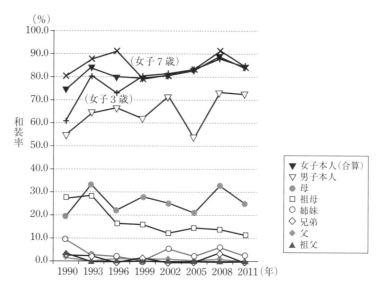

図8-2 本人および家族和装率

違いのスーツ」が出現し，その後「ニット系ワンピース」や「パンツスタイル」などと，1990年には「カジュアル」と位置づけられたものが，徐々に出現した。

この現象を図8-3にまとめると，七五三行事に着て行く服装として，過去のある時点で(図の一番左)，◎が「最も格の高いフォーマル」な服装，○が「ややフォーマル」な服装，△が「普通」の服装と格付けされたとする。時代が進むと(図の右へ)，前の時代の「最も格の高いフォーマル」だった◎が少数または消滅し，「ややフォーマル」だった○が次の時代の「最も格の高いフォーマル」に，「普通」だった△が「ややフォーマル」にと格付けが相対的に変わり，前の時代では「カジュアル」と考えられ，絶対に儀式には着用されることのなかった服装が，次の時代には「普通」の服装の□として着用されるようになった。

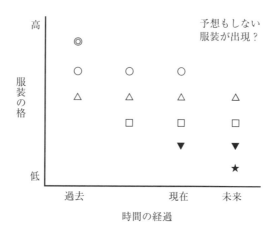

図8-3 時間経過と服装の格の変化

この流れが続き，前の時代では儀式に着用しなかった服装の▼が，現在では儀式に着用しても問題ない服装として出現し，さらに未来では，現在において「最も格の高いフォーマル」と考える○が消え，同時に「よりカジュアル」な服装の★が出現する可能性が十分考えられる。

　以上より，七五三をはじめ伝統行事での服装でも，前の時代の「ややフォーマル」な服装は次の時代の「最も格の高いフォーマル」な服装へ，「カジュアル」な服装は「ややフォーマル」な服装へと格の位置づけが変わっていく。短い期間ではこのような変化は見えづらいが，長い期間では伝統文化にかかわる慣習でも時代の流れのなかで変化していることがわかる。

　外圧によって変化する例として，上海のパジャマ外出規制がある。2010年に上海で万博が行われる以前は，地元市民のなかには，近所にはパジャマ姿で行き来していた人がいた。しかし，急激な街の発展と国際的な催しのなかでマナー的にいかがなものかと当局から規制されるようになった[7]。市民が上海の街中でパジャマを着用することを肯定しているのは，戦前，一部の特権階級の者だけが着用したという文化的背景があり[8]，これは人々の生活から生まれ出た文化であり，否定されるものではない。しかし，国際化の波でこの規範意識の変更を余儀なくされたものといえる。

参考文献

1) M. J. ホーン，L. M. ガレル(訳・藤原康晴，杉村省吾，池本明):「被服心理学序説ファッションと個性」，昭和堂(1983)
2) AFP BB NEWS，フランスで相次ぐイスラム女性用の水着禁止に波紋，2016年08月19日
　http：//www.afpbb.com/articles/-/3098053 (2016.12.29取得)
3) 東京都迷惑防止条例：公衆に著しく迷惑をかける暴力的不良行為等の防止に関する条例第5条など
4) 貝印(株)，男とヒゲの歴史，
　http：//www.kai-group.com/fun/ssc/history/ (2016.12.28取得)
5) 内田直子：七五三行事にみる家族衣風景の変遷 − 1990〜2002年について − ，夙川学院短期大学研究紀要，第38号，pp.51-58(2009)
6) 内田直子：七五三行事にみる家族衣風景の変遷・2 − 1990〜2012年について − ，日本家政学会第65回大会研究発表要旨集，p.172(2013)
7) NHK-BS1，上海スピードウェルカム・トゥ・上海，2010年5月3日放送
8) RecordChina，＜早分かり＞合理的，気軽，それにオシャレ…？上海人が「パジャマ外出」をやめない理由，2009年10月29日
　http：//www.recordchina.co.jp/group.php？groupid＝36668，(2016.12.29取得)

1. 日本での髭や入れ墨と社会規範

日本の装いに関する社会規範は法律ともかかわりが深い。以下はその一例である。

① **イースタン・エアポートモータースひげそり落し命令**（東京地裁昭和55年12月15日判決）

ハイヤー会社は，口ひげをたくわえた乗務員をハイヤーに乗車させず，事業所内に待機することを命じた。これを不服とした乗務員が，労働契約上の義務がないことの確認と待機を命じられた間の賃金支払いを求めて裁判を起こした。

判決では，この会社の「乗務員勤務要領」の"平素における乗務員自身のたしなみ"の規定では「ヒゲをそり，頭髪は綺麗に櫛をかける」と定められていたが，これは不快感を伴う「無精ひげ」や「異様，奇異なひげ」を指していると解釈するのが相当で，原告の整えている口ひげは規定違反にあたらないとした。

出典：裁判所HP，労働事件裁判例集 http://www.courts.go.jp/app/hanrei_jp/detail6?id=19495

② **全国初の「入れ墨の露出禁止」条例**

神戸市須磨区： 改正「須磨海岸を守り育てる条例」
平成20年4月1日に施行，平成23年4月1日に条例を一部改正
（行為の禁止）

第7条 何人も，法令に別に定めがあるもののほか，海岸において，正当な理由なく，次に掲げる行為をしてはならない。

　(4) 次に掲げる行為を行うことによって，他の者に不安を覚えさせ，他の者を畏怖させ，他の者を困惑させ，又は他の者に嫌悪を覚えさせることにより，当該他の者の海岸の利用を妨げること。
　　ア　入れ墨その他これに類する外観を有するものを公然と公衆の目に触れさせること。
　　イ　粗野又は乱暴な言動をし，又は威勢を示すこと。

出典：神戸市HP，須磨海岸を守り育てる条例 http://www.city.kobe.lg.jp/culture/leisure/suma_beach/sumajourei.pdf

この条例ができた背景は，ファッション感覚で施しているタトゥーの露出が，周囲に威圧感や畏怖感を抱かせる状況となり，苦情が相次いだためである。市はモラルだけでは限界があると条例施行を打ちだしたが，逆に施行後，例年より若者の客足が遠のく結果となり，「海の家」経営者の死活問題にまで話が広がっている。

2. ヨーロッパ諸国のブルカ着用事情

ブルカ着用禁止，ドイツでも　公共の場対象，法制化へ

　ドイツのデメジエール内務相は19日会見し，イスラム教徒の女性が全身を覆い隠す「ブルカ」や，目だけを出して顔を覆う「ニカブ」の公共の場での着用を禁止する方針を明らかにした。今後，連立与党内で調整のうえ，法制化をはかる。7月に相次いだイスラム教徒の難民らによる襲撃事件を受けて，警戒感が強まっていた。（中略）

　禁止するのは，公務や学校，幼稚園，デモなどの場。本人確認が求められるすべての場所が対象になる。デメジエール氏は「顔を見せることは，社会で共同生活を送るうえにおいて根本的なことだ」と語った。メルケル首相は前日，ブルカ着用の女性について「社会に自らを統合する機会を失ってしまう」などとメディアに語っていた。

　ブルカの公共の場での着用は，数年前からフランスやベルギー，イタリアなどで禁止する動きが相次いでいるが，ドイツはこれまで異文化に対して寛容な政策をとってきた。過去に一部の州でイスラム教徒の教員がスカーフを身につけることを禁じた経緯があるが，憲法裁判所が2015年に「法の下の平等に反する」などとして無効を命じた。（ベルリン＝高野弦）*

出典：＊ 朝日新聞デジタル　2016年8月20日 http：//digital.asahi.com/articles/ASJ8M61MTJ8MUHBI022.html

　以上のように，ヨーロッパ圏では時勢に鑑みて，顔が隠れるものの着用を禁じる方向に進んできた。ただし，現代の日本でも「顔を隠す」行為はある。近年の温暖化の進んだ日本では，夏の紫外線の健康問題が取り沙汰され，その結果，UV対策のためとして顔面を頭から覆うフルフェイスカバーなど，問題なく販売されたり，購入したりしている。今は，着装に問題ない日本であっても，ヨーロッパの動きや世界レベルの事件から，将来的に規制が果たして全くないとはいえるのか，今後注視していく必要があろう。

9章　流行と装い

1　流行の特質[1),2)]

　流行とは何かについては，これまでに多くの社会心理学者により定義がされているが，一例をあげると次のようになる。流行とは，一定の期間，一定の社会内で相当多数の人々が行う社会的同調行動の様式であり，この様式はダイナミックに成長し，衰退する過程をたどる。したがって，流行には寿命があるが，一定期間をおいて再現する場合もある。

　流行は，物の流行だけでなく，行為や思想の流行もあるが，服装は，物の流行の代表的なものである。流行を表す用語には，ファッション(fashion)，モード(mode)，ブーム(boom)，などがある。ファッションの語源はラテン語のファクティオ(factio)であり，これは方法，型，様式の意味である。ファッションは服飾の流行を指す用語として用いられるが，最近はもっと広い意味に用いられている。また，モードは仏語で服飾の流行を指す用語として用いられている。ブームは一時的，熱狂的な流行を表す用語として用いられることが多い。

　流行の特徴については，流行の定義に述べたことからもある程度推しはかることができるが，次のようなことがいえる。
　①流行は新奇なものである。
　②流行は一定の期間，社会のなかに生じているものであり，短命である場合が多い(流行の一時性)。
　③流行は一定の規模をもっている。
　④流行は繰り返すこともある(流行の周期性)。
　⑤流行は社会的・文化的背景を反映している。

2　流行の普及のプロセス[1),2)]

　流行は普及の形式から分類すると，図9-1に示すように減衰型(変動型)，普及型(一般化型)，周期型(循環型)の3つに分類できる。このうち，減衰型は流行の最も典型的なものである。

　減衰型は，急速に普及し急速に衰退するように，寿命は，短い場合が典型的なタイプである。最近価値観の多様化に伴い，この減衰型は，服装の流行ではあまりみられなくなってきたが，以前にはこのタイプの流行現象が多くみられた。比較的最近の例として，

2011〜2012年に流行したタトゥータイツがあげられる。また，服装以外では，毎年取り上げられる「流行語」のほとんどは，減衰型に終わっている。普及型はだんだん流行が普及し，やがては定着するタイプであり，和服に替わって洋服が普及してきた過程はこのタイプである。また，周期型は，流行は繰り返すというタイプである。スカートからパンツへ，パンツからスカートへと流行が繰り返したり，ジーンズがある程度の間隔を経て何度も流行するといったことが，このタイプの典型である。ファッション業界では科学的根拠は弱いが，通説として20〜30年周期で，過去のファッションがリバイバルするといわれている。確かに，2000年代に1980年代のファッションをアレンジしたファッションが普及するということは，よくみられる。これは，過去に魅力的で多くの人に受け入れられていたものが，一定期間を経て新しい世代に新奇性をもって受け入れられる，ということもあるが，周期説を根拠に企業が仕掛けている側面も大きい。

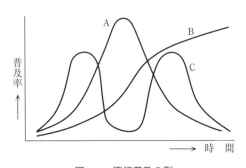

図9-1　流行普及の型
A減衰型（変動型）　B普及型（一般化型）
C周期型（循環型）

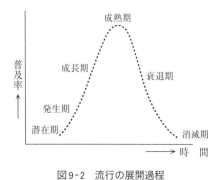

図9-2　流行の展開過程

　流行の発生・成長から，衰退・消滅までの過程は，いくつかの段階に分けてとらえることができるが，ここでは，減衰型について考えてみる（図9-2）。

①潜在期：ごく限られた人々によって試行されている時期であり，ファッションショーやマスメディアなどによって，人為的に仕掛けられている場合が多い。

②発生期：試行の時期を経て，しだいに同調者が現れる時期である。しかしながら，発生期まで進行しても次の段階に至らず，この段階で消滅してしまう場合も多い。

③成長期：同調者の数が増加し，普及率が拡大していく時期である。この段階まで進行すると流行は成立したといえる。

④成熟期：普及率がピークに達し，伸びが鈍化する時期である。

⑤衰退期：普及率が減少していく時期である。この時期に後発的に採用する人々もいるが，採用を廃止する人々のほうが多いために，結果として衰退していくことになる。

⑥消滅期：流行が消滅していく時期である。

3 流行の採用者カテゴリーモデル[1)～3)]

モノが流行するまでには，いうまでもなく流行を採用する人がいて，その数がだんだん広まっていくことが必要である。この場合，流行の採用時期は人によりさまざまであり，流行を早く採用する人もいれば，遅く採用する人もいる。流行採用の時期を時間的な流れの面からとらえる場合，ロジャース（E. M. Rogers）の提唱した採用者カテゴリーモデルは参考になる。図9-3はロジャースの採用者カテゴリーモデルである。彼は農家への農機具の普及を例に，1962年にこのモデルを提唱したが，服装の採用者の場合にも参考になる。採用者カテゴリーモデルでは，採用の時期から5つのグループに分類しているが，このグループ以外にその流行を採用しないグループが存在する。

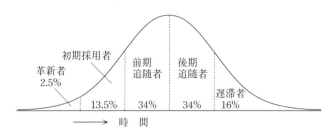

図9-3　流行採用のカテゴリーモデル（ロジャース，1962）

① 革新者（Innovators：イノベーター）

新しい行動様式を最初に採用するごく少数の人たちである。彼らは社会の他の大部分の人々が，新しい行動様式を採用しないときに採用に踏み切る。したがって，一般の人々からは異端者，逸脱者とみられがちであるが，流行の火付け役として欠かすことのできない人たちである。

② 初期採用者（Early adopters：アーリーアダプター）

新しい行動様式を取り入れることに積極的であるが，新しい行動様式に適合するかどうかを判断したうえで採用する。社会の平均的なメンバーからは革新者ほどかけ離れていない。他の人々からはファッションリーダーとして，位置づけられており，流行の普及に大きな影響をもつ人たちである。

③ 前期追随者（Early majority：アーリーマジョリティ）

新しい行動様式を平均的メンバーが採用する少し前に採用する人たちで，このグループの人数は多い。革新者や初期採用者に比べると，採用のしかたはずっと慎重である。新しい行動様式を正当化する役目を果たす人たちである。この人たちが採用すると流行は完全に成立するといえる。

④ 後期追随者（Late majority：レイトマジョリティ）

社会の平均的なメンバーが採用した少し後で採用する人たちで，このグループの人数は多い。採用に踏み切るためには，仲間からの圧力により動機づけられることが必要である。

⑤ 遅滞者（Laggards：ラガード）

流行を最後に採用する人たちである。過去の伝統や習慣に従うことを重視し，伝統志向的である。

ロジャースの採用者カテゴリーモデルに基づく普及理論は，イノベーター理論とよばれている。ロジャースは，この五段階のグループのなかで，初期採用者を最も重要なグループととらえている。初期採用者は新しいものを積極的に取り入れる先進性をもちながら，一般的な価値基準とずれが少ない価値観をもっており，後続の追随者に大きな影響を与えるため，オピニオンリーダーともよばれる。ロジャースは，革新者と初期採用者を足すと16％の構成比を占めるため，普及に際しては，これらの人々の採用が普及に大きな影響を及ぼすとして，「普及率16％の論理」を提唱した。

これに対し，ムーア（Geoffrey A. Moore）は，イノベーター理論を前提としながらも，利用者の行動様式に変化を強いるハイテク製品については，初期採用者と前期追随者の間に，キャズム（chasm：大きな溝）があり，これを乗り越えない限り，大規模な普及はせず，初期市場で消えていくという，キャズム理論を1991年に提唱した（図9-4）。ムーアは，初期採用者が新しいものを積極的に取り入れることを重視するのに対し，前期追随者は大多数の人が採用するという安心感を重視する，という大きな心理的相違を指摘している。いずれにせよ，消費者の心理状況の相違が，流行や新製品の普及に大きな影響を与えるという点を重要視している。

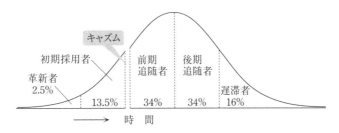

図9-4　キャズム理論（ムーア，1991）

4　流行採用の動機[1)~3)]

服装の流行など，さまざまな流行現象は，その時代の社会的・文化的背景や人々の社会意識を反映しており，その時代に生きた人々が，一定の状況のなかでなんらかの動機に基づいて流行を採用したからにほかならない。

流行採用の動機には，いろいろな要因が考えられるが，次の5つに大別することができる。

① 新しさと変化を求める動機

流行の大きな魅力の一つは新奇性にある。人間には好奇心とういう欲求があり，流行はその欲求を満たしてくれる。最新の流行の衣服を着用することによって，気分転換

をはかったり、いつもと違う自分を表現し、変身願望の欲求を満たすことができる。

② 差異化と他者の承認を得たいという動機

　人間には誰でも多かれ少なかれ、自分が所属する集団や社会のなかで目立ちたい、注目されたい、尊敬されたいという欲求がある。最新の流行のものをいち早く採用する者には、流行の採用によって周囲の多数の他者と区別して目立ちたい、賞賛されたいといった自己顕示欲や優越感が強く働いている。1章のマズローの欲求理論に尊敬と承認の欲求（自我の欲求）があるが、この動機は尊敬と承認の欲求に対応した動機である。なお、この動機は採用時期からみると、早期採用者の動機といえる。

③ 同調化と集団や社会に適応しようとする動機

　自分が所属するあるいは所属したいと願っている集団に、メンバーとして受け入れられることは重要なことである。流行の採用は社会や集団に適応するための容易な手段の一つである。流行が多くの人々に普及しはじめると同調意識が働き、流行の採用へとかりたてる。マズローの欲求理論に所属と親和の欲求（社会帰属の欲求）があるが、この動機は所属と親和の欲求に対応した動機である。なお、この動機は採用時期からみると、後期採用者の動機といえる。

④ 個性化と自己実現の動機

　人は他人にない自分らしさを表現したい、美しく個性的でありたいとの願いをもっている。流行はこのような欲求をもつ人々にとって、自己を表現したり、創造性を発揮し自己表現をはかるための有力な手段となる。マズローの欲求理論に自己実現の欲求があるが、この動機は自己実現の欲求に対応した動機である。なお、この動機は採用時期からみると、早期採用者の動機といえる。

⑤ 自我防衛の動機

　人は自己の体型や容貌、能力や性格、社会的地位や役割などに対して多かれ少なかれ劣等感をもっており、自我を防衛し、劣等感を少しでも克服したいと願っている。流行の採用は劣等感を一時的にでも克服し、優越感を得る手軽で効果的な手段といえる。例えば、田舎から都会に出てきた若者が、最新の流行の衣服を着用しファッション街を歩く心理は、自我防衛の動機が少なからず作用していると考えられる。

5　流行と文化的・社会的要因[1]〜[3]

　流行の成立・普及・衰退は集団や社会の文化的・社会的条件と深いかかわりをもっている。人々の行動様式が、集団や社会の規範や慣習などにより強く規定されていればいるほど、流行は生じにくい。

　閉鎖的で停滞した社会構造の社会を静態的社会というが、このような社会では流行は成立しにくく、流行成立の抑制条件として働く。これに対して、開放的で流動的な社会構造の社会を動態的社会というが、このような社会では流行は成立しやすく、流行成立

の促進条件として働く。前者の社会には社会主義経済の社会が，後者の社会には自由主義経済の社会が対応するといえよう。

わが国は，昭和30年代から40年代にかけて高度経済成長をとげたが，1973（昭和48）年暮れの石油ショック（オイルショック）を契機として，それまでの成長型消費社会から成熟型消費社会へと移行していくことになる。このような情勢のなかで，消費者の心理や行動にも質的変化が生じた。すなわち，価値観や消費の多様化，個性化が進むことになる。ライフスタイル（life style）とは生活の様式，生活のしかたということであるが，ライフスタイルの概念は，このような人々の生活のしかたが多様化するなかで生まれてきたといえる。

価値観の多様化，個性化が進んだことは流行に対しても影響を与え，以前の流行のように画一的な流行は起こりにくくなり，最近は流行のなかにも自分らしさをコーディネートする工夫がみられる。

現代社会は情報化社会であるといわれる。例えば，現在ミラノで，パリで，ニューヨークでどのようなファッションが流行しているか，テレビ，インターネットなどの情報網を通して瞬時に知ることができる。このような情報網の発達は，ファッションの地域差を縮める方向に働いている。以前は，都会で流行した服装スタイルが，数か月遅れ，1年遅れというように，だんだんに地方に伝播していったが，このような現象は起きにくくなっているといえる。

流行の成立・普及・衰退に関して，マスコミュニケーション活動は非常に大きく影響する。テレビ，ラジオ，新聞，雑誌などのマスコミュニケーション活動が流行に及ぼす作用には，①流行の成立を促す作用，②流行の普及を促進する作用，③流行を衰退させる作用がある。マスコミュニケーション活動は流行の成立・普及・衰退に少なからずの影響を与えているといえる。また近年，流行に大きな影響を及ぼすようになったものとして，インターネットの存在がある。特にSNS（social networking service：ソーシャルネットワーキングサービス）の普及は，消費者を起点とした流行の成立・普及に大きな影響を及ぼしている。

表9-1にわが国におけるファッションの変遷[4),5)]を示す。また，コラムに補足として主な語句の解説を記している[4)～6)]。

表9-1 ファッションの変遷

年代	ファッション	世相
1945	・モンペからスカートへ	・終戦 ・物不足(タケノコ生活)
1950 1955	・アメリカンスタイル ・シネマファッション(真知子巻き，ヘプバーンスタイル) ・落下傘スタイル ・ディオールのHライン，Aライン，Yライン ・太陽族 ・ロカビリー族 ・サックドレス	・朝鮮特需景気 ・神武景気 ・三種の神器(洗濯機，冷蔵庫，掃除機) ・岩戸景気 ・カラーテレビ放送
1960 1965	・六本木族 ・みゆき族 ・アイビールック ・原宿族 ・フーテン・ヒッピー族 ・ミニスカートの大流行 ・ジーンズの流行	・東京オリンピック ・いざなぎ景気 ・新三種の神器(3C：カラーテレビ，カー，クーラー) ・学生運動 ・大阪万博
1970 1975	・Tシャツにジーンズスタイルの定着 ・アンノン族 ・重ね着ファッション ・ロングスカートの流行 ・ニュートラ ・竹の子族 ・ハマトラ	・第1次オイルショック ・第2次オイルショック
1980 1985	・DCブランド ・ニューきもの ・ボディコン ・渋カジ	 ・平成景気
1990 1995	・女子高生スタイル ・ゆかたブーム ・古着ファッション ・キャミソールスタイル ・厚底靴の流行	・バブル崩壊，平成不況 ・阪神・淡路大震災
2000 2005 2010 2014	 ・ヤマンバギャル ・セレブスタイル ・クールビズ ・外資系ファストファッション ・クールジャパン ・エシカルファッション	・サッカーワールドカップ大会 (日韓共催) ・リーマンショック ・東日本大震災 ・東京スカイツリー

出典：渡辺明日香：「東京ファッションクロニクル，ファッション年表」青幻舎(2016)をもとに作成

参考文献

1) 被服心理学研究分科会編:「被服心理学」, p.129, 繊維機械学会(1998)
2) 小林茂雄ほか:「衣生活論」, p.26, 弘学出版(1999)
3) 川本　勝:「流行の社会心理」, 勁草書房(1982)
4) アクロス編集室編:「ストリートファッション(若者スタイル50年史)」, PARCO出版(1995)
5) 渡辺明日香:「東京ファッションクロニクル」, 青幻舎(2016)
6) 吉村誠一:ファッション大辞典, 繊研新聞社(2010)
7) 「新田中千代服飾辞典(付録1服装の歴史)」, 同文書院(1991)

Column

ファッションの変遷（表9-1）の補足[4]〜[6]

アメリカンスタイル　たっぷり布地を使った裾広がりのロング・フレアスカート，幅広のベルトでマークした細いウエスト。華やかな配色とフェミニンなシルエットが特徴である。

シネマファッション　1952年に大ヒットしたラジオドラマ「君の名は」が映画化され，真知子役の岸恵子が長いショールを頭から首に巻きつけたスタイルをするや，これをまねた「真知子巻き」の女性がちまたにあふれた。白い毛糸で編んだタイプが主流であった。また，映画「ローマの休日」のなかで，オードリー・ヘプバーンが長い髪をばっさり切って短髪に変身するシーンがもとになり，ヘプバーンカット（イタリアンボーイ・カット）が大流行した。

ディオールのHライン，Aライン，Yライン　デザイナーのクリスチャン・ディオールは1954年にHライン，Aライン，Yライン（右図）[7]を発表し，ファッション界に流行をもたらした。

Hライン　Aライン　Yライン

落下傘スタイルとサックドレス　落下傘スタイルはペチコートでふくらませたスカートのことであり，落下傘を開いた形に似ていることからこのようによばれた。これに対して，サックドレスはサック（袋）を着ているようなドレスであり，世界的に流行した。

太陽族，ロカビリー族　太陽族は，石原慎太郎の著書「太陽の季節」が映画化され，彼の弟の裕次郎が演じたファッションをまねて，夏の湘南に繰り出した若者のことである。ロカビリー族は，ロカビリーミュージックを演奏するロカビリースターと狂乱するファンの若者のことであり，それぞれ特有のファッションを着こなした。

六本木族，みゆき族，原宿族，フーテン・ヒッピー族　六本木に集まる若者を六本木族，銀座のみゆき通り周辺に集まる若者をみゆき族，原宿に集まる若者を原宿族とよび，それぞれ特有のファッションを着こなした。その後，新宿界隈にフーテン・ヒッピー族とよばれた若者が出現した。この若者のファッションは「より自然に，汚く」という考えが根底にあった。

アイビールック　アイビールックは1960年ごろより，若者たちに浸透しはじめ，1964年の「平凡パンチ」創刊後は若者男性の定番的ファッションとなった。シャツはボタンダウンが定番で，柄物ではアイビーストライプやマドラスチェック，ズボンはバミューダパンツに黒のハイソックス，またはコットンパンツに白のハイソックス，あるいはアイビースーツが典型的スタイルである。

ミニスカートの大流行　日本では1967年から1974年ごろまでミニスカートは大流行し，その後周期的に流行したが，今では定番的なファッションとして定着している。ミニスカートが誕生したのは，1960年ロンドンのキングス・ロードのマリー・クワントのブティック「バザー」である。

ジーンズの流行　ジーンズは19世紀半ばに，アメリカのカリフォルニアでおきたゴールドラッシュの落と子として生まれたものである。リーバイ・ストラウス社の創業者のリーバイ・ストラウスがホロやテント用のカンバス地で作ったズボンは，金鉱掘りの労働着として普及した。日本にジーンズが上陸したのは，終戦後，特に朝鮮戦争のころに日本中にあふれたアメリカ軍兵士の日常着としてである。1960年代後半から1970年代前半にかけて，ジーンズはカジュアルファッションとしてジーンズブームをもたらした。その後，カジュアルウエアの定番として広く定着するとともに，周期的な流行を繰り返している。

アンノン族　女性ファッション誌「アンアン」,「ノンノ」は当時の若い女性のファッションにも圧倒的な影響を与えた。

ニュートラ, ハマトラ　神戸と横浜で独特のコンサバ感覚の新しいファッション「ニュートラ」が20歳前後の女性を中心に流行した。横浜発ニュートラは, 1970年代後半になるとニュートラとは違って, 子供っぽい要素を取り入れたファッションのハマトラとして流行していった。

竹の子族　竹の子族の名は原宿裏通りの「ブティック竹の子」に由来する。日曜日ごとに原宿の歩行者天国に集まり, 竹の子ファッションで踊りまくる若者たちである。

DCブランド　DCブランドはデザイナーズ&キャラクターズブランドの略である。日本のDCブランドの流行は1984年ごろからであり, ダボッとしたビッグシルエットのDCスーツが流行した。

渋カジ　渋谷カジュアルの略である。渋谷を中心に遊ぶ若者のファッションであり, いたってシンプルなスタイルであるが, 強いブランド志向が特徴である。

女子高生スタイル　女子高校生の制服が多様化の時代となった。制服のおしゃれは, スカート丈, ソックス, カバン, アクセサリーなどの着こなしに表れ, 茶髪, ミニスカートにルーズソックスなどのスタイルが広まった。

キャミソールスタイル　本来, 下着であったキャミソールを原型としてデザインされたブラウスの一種が, 1997年から1998年にかけて流行し, アウターの一つとして定着していった。

ヤマンバギャル　髪を白く染め, 顔を黒くする「ガングロ」化粧をした若い女性を総称したもので, 日本の伝説の「山姥(ヤマンバ)」から名づけられた。1999年夏の特異な現象だったが, その後も余韻は長く残った。

クールビズ　環境対策などを目的に, 2005年から環境省が提唱している夏季の衣服軽装化キャンペーンのことである。いわゆる「ノーネクタイ・ノー上着」を奨励している。2011年の東日本大震災の影響もあって, 普及と定着が進み, 日本の夏季のビジネススタイルを大きく変化させている。

ファストファッション　最新の流行を採り入れながら, 低価格に抑えた衣料品を, 短いサイクルで大量生産・販売するファッションブランドやその業態を指す。「早くて安い」ファストフードになぞらえて, そういわれるようになった。2008年にH&M, 2009年にFOREVER21が相次いで日本に上陸し, ファッション市場に大きな影響を与えている。

クールジャパン　日本独自の文化が海外で評価されている現象, またはその文化を指す。クールは感じが良い, かっこいいの意。2010年に経済産業省がクールジャパンを日本経済再活性化の戦略的文化産業と捉え,「クールジャパン室」を設置, ファッション分野はその対象の一つとされている。

エシカルファッション　エシカルとは, 倫理的な, 道徳上の, といった意味で, エシカルファッションとは, 環境問題, 労働問題, 社会問題に配慮した, 良識にかなった素材の選定や購入, 生産, 販売をしているファッションを指す。

10章　化粧の心理

1　化粧の起源

　化粧は自然環境から身を守るため，自己表現のため，呪術的な目的といったさまざまな動機によって，古くから行われてきた。化粧の起源を特定することは難しいが，紀元前10万年のネアンデルタール人(旧石器時代の原始人類)は，身体に色を塗り，文身(入墨)を行っていたとみられており，さらに下がって石器時代の原始人の間でも行われていたと推測される。

　日本でも縄文時代に，体や顔を洗う，皮膚を保護するために顔や身体に動物の脂や植物の汁を塗るといった化粧の原型にあたる行為は行われていたものと推測されるが，発掘品などによる具体的検証には至っていない。現存品では，3世紀後半頃の古墳時代の物と鑑定された身分の高い豪族のお墓の副葬品である「埴輪」に，赤い顔料で顔や身体に化粧を施したものが確認されている。

　化粧は人類の歴史上，長く行われてきた行為であり，広義に捉えた被服行動において重要な要素となっている。また，化粧は，しなければ直接命にかかわるとか，社会生活に大きな支障をきたす，という必要不可欠なものとはいいきれない。洗髪のように多くの人が行う日常習慣もあれば，メイクアップのように，男女差が大きい化粧行為もある。人によって異なる化粧行動には特に人間の心理が大きく関係してくる。したがって，被服心理学の一分野として，化粧心理の研究の重要性は高いといえる。

2　化粧とは[1]

　化粧の定義は，狭義にとらえるか広義にとらえるかでいろいろな解釈がある。例えば，ある事典では，「人間の顔を中心として首，手，足などの表面に直接，化粧料を施し，美化すること」[2]と解説されている。化粧は広義に考えれば，次の3つに分類される。なお，身体変工，色調生成，塗彩ということばは，人類学で使われていることばである。

①**身体変工**：髪を切る，抜く，縮らす(パーマ)，ヘアスタイルを整える，歯を抜く，削る，指を切る，爪を切る，頭部を変形させる，腰を細くする，足を変形させる(纏足)など。

②**色調生成**：入墨・文身・タトゥーイング(皮膚に色素を入れる)，創痕，搬痕(皮膚を傷つける)など。

③塗　彩：皮膚に色や艶を添える，ボディペインティング，メイクアップ，ネイルメイクなど。

　化粧には，一時的なものと半永久的なものがある。髪や爪を切ったり，メイクアップなどの塗彩は一時的な行為だが，変形や色調生成は半永久的なものとなり得る。現代でも行われている美容整形や歯の矯正は，これに該当する。また化粧といえばメイクアップをイメージする人が多いが，スキンケア，ヘアケアといった皮膚の保護と維持に関する行動も化粧の一部である。

3　化粧の役割[3], [4]

　化粧は，現代の私たちの生活に深いかかわりがあり，化粧の意味や価値観といった化粧文化を理解するには，化粧する人間の側面から，以下の3つの視点で観る必要がある。
　①化粧行為の起源は，人が厳しい自然環境から自らの身体を守るためにあったという生物学的意味
　②化粧が自然環境に適応するだけではなく，人が自然を畏怖し，さらに美しく装おうとする美的追求（おしゃれ心）という心理学的意味
　③化粧を通して自分を表現する，他者に自分のメッセージを伝える，すなわち，他者とのコミュニケーションを図るという社会学的意味

　この3つの視点からみたとき，化粧はさまざまな役割をもつことになる。図10-1は化粧の役割をまとめて図にしたものである（図に付記した数字は，上記3つの視点のうち，関連するものを表している）。

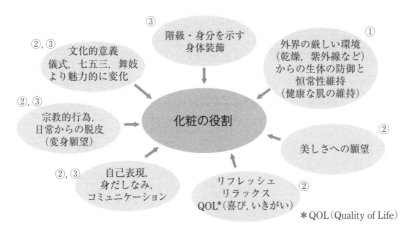

図10-1　化粧の役割
出典：宿崎幸一：「化粧品科学ガイド」，p.10，フレグランスジャーナル社(2011)を一部改変

4　化粧品の役割[5]

前項で述べた化粧の役割を具体的に推進するために開発され，発展していったものが化粧品である。化粧品は，医薬品医療機器等法における定義では，「人の身体を清潔にし，美化し，魅力を増し，容貌を変え，または皮膚若しくは毛髪を健やかに保つために，身体に塗擦，散布その他，これらに類似する方法で使用されることが目的とされている物で，人体に対する作用が緩和なものをいう。」とされている。医薬品ではないため，あくまで作用が緩和なものという点が化粧品の特徴といえる。

化粧品は用途別に大きくは，次の5つに分類される。

① スキンケア化粧品

皮膚は外界の乾燥，紫外線，酸化といった刺激や，化学物質，細菌などの外部因子から身体を防御するバリアとしての役割と，内部環境の恒常性を維持する役割をもっている。この皮膚の機能を補助し，肌の悩みを防ぐ予防的な役割を果たすものがスキンケア化粧品である。スキンケア化粧品は，基礎化粧品ともよばれている。スキンケア化粧品には，洗浄，保湿，紫外線防止，シミ，シワの予防・改善などのさまざまな機能があり，それぞれの機能別に分類されている。また，製品の特長に合わせ，化粧水，乳液，クリーム，美容液，パックなどといったさまざまな剤型がある。

② メイクアップ化粧品

メイクアップ化粧品は，顔や爪などを美しくみせる美的役割と，紫外線や乾燥などの外部刺激から肌や唇，爪などを守る保護的役割をもっている。メイクアップ化粧品は大別すると，ファンデーション，白粉などのベースメイクアップと，口紅やアイシャドーなどのポイントメイクアップに分類される。また，ネイルエナメル，ネイルカラーといった爪用化粧品もポイントメイクアップに含まれる。

③ 毛髪用化粧品（ヘアケア化粧品を含む）

毛髪および頭皮をケアしたり，形状や色調を変えて美化させる役割を果たすものが毛髪用化粧品である。毛髪用化粧品は部位と目的別に次の3つに分類できる。毛幹と頭皮を対象とするシャンプー，リンスといった洗髪用化粧品。整髪剤，パーマネントウェーブ，染毛剤といった毛幹のケアと美化のための製品群。育毛剤などの毛包と頭皮のケアのための製品群である。

④ ボディケア化粧品（入浴剤を含む）

ボディケア化粧品は，身体のいろいろな部位をケアする役割をもっている。例えば，石けんやボディシャンプーといった洗浄目的の製品，紫外線防御のための日焼け止め化粧品，ハンドクリームなどの手・指の荒れ防止改善用，防臭・制汗用，脱毛・除毛用など多岐にわたる製品がある。

⑤ フレグランス化粧品

香りを楽しむ，自己アピールといった心理的役割が主とされているが，近年では科学

的効果も実証され始めている。香料の含有量(賦香率)によって、香水、オードパルファム、オードトワレ、オーデコロン、フレッツッシュコロンなどに分類される。

以上この項では、化粧品がもつ機能的役割について述べてきたが、化粧品による肌や毛髪への改善効果は、化粧のもつ意味や心理的効用に繋がっていく。

5　化粧の意味[6]

化粧のもつ意味を心理学的に捉えた場合、基本的に2つの意味がある。一つは「変身すること」である。自己のおかれた社会的環境や役割への不満などに由来した変身願望をもつ人は多く、日常からの解放、自己の改革といった目的を簡易に実行できるのが、化粧、特にメイクアップ化粧である。「ハレ」の日の入念な化粧に新しい自分を発見した経験のある女性は多いだろうし、極端な例としては、美容整形などもこれに該当する。

二つ目は、「粧う」ことである。日常、いわば「ケ」の部分の自分に定期的に「手直し」を施し、自己改善を図ることによって、良い印象をもってもらおうとする。

基礎化粧がその典型であるが、普段のメイクアップ化粧も、多くはこれに該当するであろう(図10-2)。

いずれにせよ、他者に自分を認めてほしいという承認欲求の期待の表れであり、化粧をすることによって、心理的効用を期待し、自尊心の維持や対人関係の円滑さを図っているといえる。

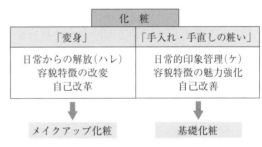

図10-2　化粧の意味
出典：大坊郁夫：「被服と化粧の社会心理学」、p.31、北大路書房(2003)を一部改変

6　化粧の心理的効用[7]〜[9]

化粧は、機能的効用によって、身体のケアや美化に寄与すると共に、化粧をする人自体に心理的効用をもたらす。化粧のもつ心理的効用については、松井ら(1983)は、次の3つの側面から総合的にまとめている。

① 化粧行為自体がもつ満足感

多くの女性は、ほぼ日常的に化粧に一定の時間を費やしている。この時間を義務的な時間と見做す人もいるが、化粧が好きで、化粧行為自体に満足感を感じている人も多い。こうした人にとって、鏡に向かう時間は以下のような自己満足を与えてくれる。

- 自身の肌にふれることによって感じる「自己愛撫の快感」
- 外見を変化させ、素顔と違う自分を創る「変身願望の充足」
- 素顔をベースに新たな自己表現を試みる「創造の楽しみ」
- 化粧行為に集中し、楽しむことによる「ストレス解消」

- 化粧によって容姿が整うことに伴う「快い緊張感」

② 対人的効用

化粧は，他者との対人関係においても以下のような心理的効用を有する。他者とのコミュニケーションを円滑に図るうえで，大きな効用があるといえる。

- 自らが負と感じる外見的特長をメイクアップでカバーする「外見的欠陥の補償」
- 異性への魅力度の上昇や同性への優越意識を導く「外見的評価の上昇」
- 周囲への同調や期待に応え，関係を円滑にする「周囲への同調・期待への対応」
- 社会が期待している役割を表現する「社会的役割への適合」
- 性役割観を意識することで安定感に繋がる「伝統的性役割に基づくidentityの自覚」

③ 心の健康

上記に述べてきた化粧による心理的効用は，「積極的な自己表現や対人行動」に繋がり，「自信や自己充足度」の向上を可能にする。その結果，化粧をする人に「心の健康」をもたらすことになる。

なお，この研究では，化粧をすることが好きで，化粧をする頻度が高い女性ほど化粧の心理的効用感を意識しているとの結果が得られている。つまり，こうした化粧の心理的効用を期待する人ほど，化粧行動を充実させ，化粧を楽しんでいるといえるだろう。

以上述べてきたように，化粧は機能的効用のみならず，心理的効用によって，私たちの生活を活性化させる働きがあるといえる。なお，超高齢社会に突入している日本において，高齢者の情動活性化は，大きな課題であるが，12章に化粧による高齢者の情動活性化についての研究が詳細に述べられている。こちらも併せて参考にしてもらいたい。

7 化粧行動と意識[10]

前述した化粧の心理的効用に関連し，化粧行動が異なる女子大生の，化粧への関心や意識の相違を調査した「メイクアップにおける化粧心理について」の研究事例を紹介する。

女子大生に対し，Ⅰ．メイクアップに関する実態，Ⅱ．メイクアップ・ライフスタイルに関する意識の2つを主軸とする調査を行った。有効回答数は，147名である。単純集計の結果，1週間のうち毎日メイクをしている人が33％，5〜6回メイクをする人が50％と，8割以上の人がほぼ毎日メイクをしていることがわかった。Ⅰの調査結果からポイントメイクの所有数に着目し，調査対象者を2つのグループに分類した。リップメイクとアイメイクのいずれも3個以下しか持っていない35％の人を無関心派，リップメイクとアイメイクのいずれかを4個以上持っている65％の人をこだわり派とした。無関心派とこだわり派のアンケート回答を比較すると，所有数以外にもメイクの頻度やメイクパターンをよく変えるか否かなどの回答にも相違がみられた。

図10-3は，Ⅱ．メイクアップ・ライフスタイルに関する意識について，各質問ごとに，そう思う（5点），ややそう思う（4点），どちらでもない（3点），ややそう思わない（2点），そう思わない（1点）の尺度点を用い，無関心派，こだわり派にわけて評定平均値を比較したものである。両グループ間で統計的に差が認められた項目には，＊印（有意水準5％），または＊＊印（有意水準1％）がつけてある。31項目中，12項目で有意水準1％の有意差がみられた。特にメイクに対する考え方には，多くの項目で差がみられた。

　さらに質問の回答に対し，因子分析を用いた結果，5つの基本的因子が抽出され，第1因子は「19．できることならメイクをしたくない」，「21．メイクをすることは面倒だ」，などの項目から，「メイクに対する義務感」，第2因子は，「12．メイクはおしゃれの一環

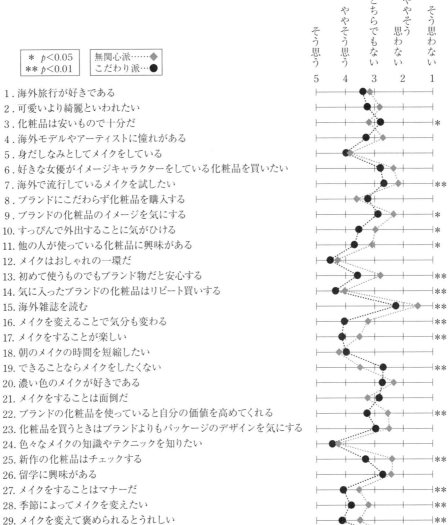

図10-3　メイクアップ・ライフスタイルに関する意識

だ」,「27. メイクをすることはマナーだ」「29. メイクを変えて褒められるとうれしい」などの項目から「メイクへの関心」と命名した。以下は，第3因子「留学意識」，第4因子「トレンド重視」，第5因子「ブランド志向」と命名した。各因子における無関心派とこだわり派の相違点を検討したところ，無関心派はメイクを義務的に感じており，メイクへの関心が低い傾向がみられた。また，こだわり派はメイクに対する関心が高く，トレンドを重視し，メイクを楽しんでいる傾向がみられた。

図10-4は，第1因子「メイクに対する義務感」を横軸に，第2因子「メイクへの関心」を縦軸にとって，無関心派，こだわり派それぞれの因子得点の平均値をプロットしたものである。

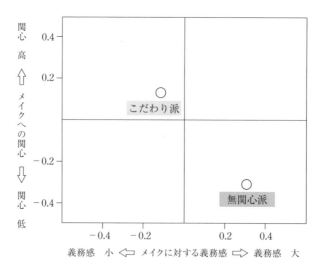

図10-4　メイクに対する義務感とメイクへの関心の関係

参考文献

1) 村澤博人：「化粧行動の社会心理学」, p.49, 北大路書房(2006)
2) ブリタニカ国際大百科事典 小項目事典辞典(2004)
3) 能崎章輔：「化粧品科学ガイド」, p.3, フレグランスジャーナル社(2011)
4) 宿崎幸一：「化粧品科学ガイド」, p.10, フレグランスジャーナル社(2011)
5) 神田吉弘：「化粧品科学ガイド」, p.186〜229, フレグランスジャーナル社(2011)
6) 大坊郁夫：「被服と化粧の社会心理学」, p.31, 北大路書房(2003)
7) 松井豊・山本真理子・岩男寿美子：「化粧の心理的効用」マーケティングリサーチ, 21, p.30〜41, (1983)
8) 菅原健介：「化粧行動の社会心理学」, p.103, 北大路書房(2006)
9) 余語真夫：「まとう－被服行動の心理学－」, p.127, 朝倉書店(2003)
10) 野田菜摘・萩原可奈子：メイクアップにおける女子大生の化粧心理, 共立女子大学家政学部被服学科卒業論文(2017)

Column アロマセラピーとアロマコロジー

　日本人は，自己表現の手段として香水を積極的に用いるといった習慣があまりなく，強い香りや個性的な香りを日常的に身につけている人は少ない。化粧品の工業出荷統計推移をみても，香水類の構成比は金額ベースにおいて日本で生産される全化粧品の1％以下にすぎず，20％を超えていると推定される欧米諸国からみれば，明らかに香水関連の市場は小さい。ならば日本人は香りに関心が薄いのだろうか？湿度が高く，香りを感知しやすい気候もあって，むしろ香りに対しては敏感である。衣食住において香りを楽しむ文化もある。ただし自己主張が不得手で，協調性を重んじる国民性と関係して，体に直接つける香りについては，消極的になっているとも考えられる。

　香りに対する関心は昔から高く，近年になって日本でも香りのもつ効能・効果についての研究が一般的に知られるようになり，注目を浴びている。香りの効果・効能を利用したものとしては，アロマセラピーが有名だが，心理学関連では近年になって確立されてきたアロマコロジーという分野がある。

　アロマセラピーとは，芳香を意味するアロマ（aroma）と療法を意味するセラピー（therapy）をあわせた造語で，芳香療法と訳される。なお，アロマテラピー（仏：aromathérapie）ともよばれる。また，アロマコロジーとは，芳香を意味するアロマ（aroma）と心理学を意味するサイコロジー（psychology），生態学を意味するエコロジー（ecology）をあわせた造語で，芳香心理学と訳されることが多い。

　アロマセラピーは，心身の健康やリラクゼーション効果を目的とし，精油（エッセンシャルオイル）または精油の芳香を用いて，マッサージをしたり，香りを嗅いだりするものである。アラビアやヨーロッパでは古くから民間療法として，精油が用いられてきた。アロマセラピーは，時代や国によって意味や定義も異なるため，解釈の範囲は広い。日本では，美容的なイメージで普及しているが，医学的な取り組みもなされている。

　アロマコロジーは，人が香りを嗅いだときに生じる生理的，心理的効果の研究であり，研究成果は化粧品などの製品へ応用されている。具体的効果としては，ストレス緩和，スリミング効果，覚醒効果，安眠効果などさまざまな香りについて，興味深い結果と応用例が示されている。例えばグレープフルーツの香りは交感神経を活発化させ，脂肪を燃焼させる効果が認められ，スリミング効果に寄与しているといえる。

　今後アロマコロジー分野の研究が進めば日本の香りに関する化粧品市場も活性化が期待できるだろう。

11章　装いと購買行動・心理

1　現代の衣生活における消費者心理と市場環境[1]

　現代の衣生活を考えたとき，消費者の多くは，必要最低限の衣服は所持している。むしろ，あまり着なくなっても捨てきれない衣服が増え，たんすが一杯になっている人も多くみられる。このような状況下では，消費者は必需品として衣服を買うのではなく，嗜好品的要素を重視して，衣服を買う傾向が強い。

　1章におけるマズローの欲求理論でいえば，生理的欲求，安全の欲求といった1次的欲求が主ではなく，2次的欲求が主要因となって，衣服を購買している。特に近年においては，同調を求める所属と親和の欲求よりも，他者との差異化を求める，尊敬と承認の欲求や自己実現の欲求の影響が大きい。そのため，衣服に求める価値も多様化している。つまり，自己表現の重要なツールとして，衣服の存在を考えるようになっており，単品としての良し悪しのみならず，全体的なコーディネートのなかでの適不適を選択基準として，重視するように変化してきた。また，着装にとどまらず，自分自身の生活様式（life style；ライフスタイル）の一部として，衣服の存在を認識する消費者も増えてきている。このため，企業も単に衣服を販売するだけではなく，ライフスタイルに合わせた商品提案が重要になっている。

　1970年代後半以降，日本人は「物の豊かさ」から「心の豊かさ」を重視する傾向が強くなってきた。量的充足から質的充足，特に自分自身の価値観にあっているか否かを重視するように，消費者心理は変化していった。

　バブルが崩壊した1990年代以降は，不況の影響もあって，消費者は低価格志向が強まり，よりコストパフォーマンス（cost performance；費用対効果）に優れた商品を求める傾向が強くなった。こうした消費者心理の変化に対し，企業は適正な品質の商品を安く提供するために，人件費が上昇し，価格競争力のなくなった国内生産から，日本で企画をし，海外，特に中国で生産した製品を輸入販売する方式にシフトしていった。また，一方で高価格品については，欧米から輸入する高級ブランドが一定の市場を形成している。このため，かつては衣料品の輸出大国であった日本は，2015年現在では，国内に流通する衣料品の97％（数量ベース）が海外生産品という状態になっている。近年では，極端な海外生産依存への反動もあり，日本製商品の価値が見直され始めてきているが，大きく市場を回復するまでには，至っていない。

2 消費者の購買行動と心理

(1) 消費者の購買行動[2]

消費者の購買心理を理解するためには，まず購買行動を分析し，理解する必要がある。購買は，最終的には消費者自身の決定に委ねられるが，購買行動は，さまざまな要因によって影響を受けている。購買行動の要因には，消費者の欲求や関心，性格などの心理的要因，家族や友人の影響，社会の規範の影響，その他集団や地域の文化の影響などの社会的要因，そのときのふところ具合や所得などの経済的要因，最終的な購買時における商品や店員の要因などがある。

こうした諸要因の関係は，図11-1のように消費者の購買行動モデルとして表すことができる。

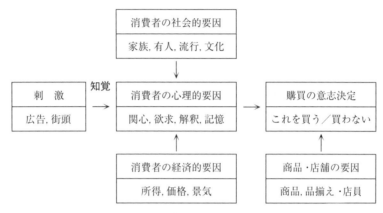

図11-1　消費者の購買行動モデル
出典：風間健：「衣生活のための消費科学」，p.52，日本衣料管理協会(2011)

① 心理的要因

消費者は主に宣伝広告や街頭等の外界からの刺激によって，商品への関心や欲求をもつ。商品に対する関心や欲求の程度は人により異なるだろうし，感覚や感情，センスなども人により異なるであろう。これらは個人的要因であり，本テキストのなかでは，1章「欲求・選択動機と装い」，2章「感覚・感情と装い」，3章「自己概念と装い」で述べている。

② 社会的要因

他人が介在したり，社会の影響を受けたりすることで購買行動に影響を与えるのが社会的要因である。社会とは，文化を共有する人々の集まり（集団）であり，家庭，地域，職場はその例である。文化とは，集団が共有する言葉，信仰，知識，芸術，道徳などであり，服装も文化の対象となる。社会のなかの集団は，それぞれ特有の文化を形成しており，これを下位文化という。例えば，日本文化は都会文化・地方文化のような，若者文化・高齢者文化のような，あるいは関西文化・関東文化のような下位文化から構成されている。文化は静止したもの，固定したものではなく，時代とともに変容する。例え

ば，ファッションのユニセックス化や若年化など，服装文化においても変容がみられる。社会的要因については，本テキストのなかでは，6章「集団と装い」，7章「社会的役割と装い」，8章「社会規範と装い」，9章「流行と装い」で述べている。

③ 経済的要因

経済的要因には消費者の所得，商品の価格があり，購買行動に直接的な影響を与える。経済的要因による購買行動は，いくつかの選択肢を比較し，得になる行動を選ぶ。その判断基準は，同じお金を払って得られる効果が大きいか，同じ効果が安く手に入るかに影響される。いわゆるコストパフォーマンスを検討する。このことばは，本来，経済用語として使われてきたが，近年では消費者の購買においても，消費者自身によって広く用いられている。ただし，効果は顧客の価値観と満足度によっても異なるため，客観的評価は難しい。

④ 商品・店舗の要因

購入時に直接影響を与えるのが商品・店舗の要因である。せっかく購入の意向を固めたのに，サイズや気に入った色が品切れをしていた，接客した店員の態度が気に入らず購入を見送ったというケースはよくみられる。反対に，店員の接客がとても良かったために，想定外の商品まで購入してしまった，ということもあるだろう。

（2） 消費者の購買プロセス

購買行動は実際に購買する時点のみを捉えるものではなく，事前行動から事後行動に至るまでの一連の行動として考える必要がある。理解と分析には，フレームワークとしてモデル化された購買プロセスを使うことが有効であり，購買行動プロセスは，いくつものモデルが創られている。ここでは，ファイブステージ・モデル[3]を使った消費者の購買プロセス（図11-2）を，秋冬物コートの購入を例にとりながら，解説する。

図11-2　購買プロセスのファイブステージ・モデル

出典：加治慶光，山本和隆：「マーケティング」，p.29，ファーストプレス(2015)を一部改変

① 問題の認識

購買行動の第1段階は，消費者が問題を認識し，購買の必要性を自覚するところから始まる。前述の購買行動モデルで示したように，消費者は，広告や街頭，店頭陳列といった外界からの刺激を受け，新しいコートの購入に関心をもつようになる。さらに，家族や友人からの情報，今年の流行といった社会的要因の影響を受け，自らの経済的要因を加味したうえで，コートの購買必要性を自覚することになる。

② 情報探査

　問題を認識した消費者は，情報探査の行動を起こす。21世紀に入ってから，購買行動のなかで，大きく変化してきていたのが，この情報探査の段階である。インターネットの普及に伴い，消費者が収集できる情報は，量・質ともに，飛躍的に増大し，情報の取得時間も驚異的に短縮している。また企業からの商業的情報だけではなく，SNSや口コミを介した個人的情報も大きな情報源となっている。現在では，あふれかえる情報のなかから，いかに効率良く，自らにとって価値ある情報を収集するかが，大きな課題となっている。

③ 選択肢の評価

　消費者は，自らの求める価値基準に基づき，集められた情報のなかから，選択肢の評価を図る。例えば，多少高価でもおしゃれ着として長く着用できるコートを欲する場合と，流行にマッチした気軽に買える安価なコートを欲する場合とでは，重視点が異なるため，自ずと選択肢に対する評価は異なってくる。こうして，絞り込まれたいくつかの選択肢のなかから，最終的に自らが最善，あるいは次善と考え得る候補を絞り込んでいく。

④ 購入の意志決定

　最終的に絞り込んだ候補の購入を決定する段階では，2つの不確定要素が影響してくる。一つは，前述の購買行動モデルにおける社会的要因である。購入の意志を固めたコートに対し，家族や友人からの評価が低かった場合，購入を見直す一因となる。また，もう一つの要素として，前述の商品・店舗の要因があげられる。こうした要因の影響を受けながら，最終的には，自らの総合的判断により購入の可否を決定する。

⑤ 購入後の反応

　購買行動は購入した時点で終わりではない。むしろ，購入後の反応がその商品の評価のみならず，その後の購買行動に大きな影響を及ぼす。コートを例にすれば，購入後の反応は，着用時における外観の自己および他者評価と，着心地，丈夫さなどに対する自己評価の2つに大別される。購入後に，これらにおいて高評価が得られた場合，消費者はその商品に満足し，その商品の帰属するブランドに対しても，信頼感や好感を覚える。また，その商品やブランドに対して再購入意向をもつようになる。

　こうした一連の流れが購買プロセスであり，それぞれのステージ毎の消費者心理に的確に対応していくことが，購買意欲の促進につながる。

3　購買行動とマーケティング

　消費者は商品を購買する際，自分が費やしたコスト（価格以外に購入にかけた時間，労力なども含む）に見合う価値が得られると判断した場合，購入に至る。価値観は人によって異なるため，同じ1万円のセーターでも，嗜好性によって，喜んで購入する人（価

値を認める人），まったく興味を示さない人，購入を迷う人，さまざまである。したがって，企業はターゲットとする顧客が，何に対して，どのように価値を感じているかを理解する必要がある。

　マーケティングとは，その価値を提供する一連のシステムをつくることであり，商品開発，宣伝販促，市場調査，営業・販売といった一般的にマーケティングとしてイメージされる仕事は，すべてこのシステムに組み込まれる。つまり，マーケティングは，"価値提供システム"と言い換えることができる。企業がマーケティング戦略を推進するためには，顧客の購買行動をよく分析し，表面的な行動のみならず，その内側にある購買心理を理解しなければならない。したがって，企業のマーケティング活動と購買心理研究は深く関連している。企業は，消費者の購買行動・心理を理解するために，さまざまな消費者調査を実施し，その分析結果を自社のマーケティング活動に反映させている。

4　ブランドの心理的効用

　ブランドは，「銘柄」，「商標」などと訳される。ただし，ブランドは，単なる識別名称ではなく，その存在自体が，付加価値をもたらす。企業は競合との差別化を図り，顧客に自社商品の価値を認識してもらうため，宣伝広告や販売促進，PRといったマーケティング活動を推進する。商品の価値には，機能主体で客観的評価軸が定まっている機能的価値と，機能を超えて顧客が主観的に意味づける意味的価値の2つがある。消費者にこの2つの価値を提供するために，重要な役割を果たすのがブランドである。

① 　機能的価値を保証する役割

　消費者が自分にとって初めての商品を購入する際に，有名で一定の評価を得ているブランドは，機能的価値に対する懸念を軽減してくれる。「このブランドなら大丈夫だろう」，「有名なブランドの商品だから間違いない」といった心理が働くのである。これは，食品や日用品といった身近なブランドから，ラグジュアリーブランド(luxury brand)とよばれる高級ブランドまで共通している役割である。

② 　意味的価値を向上させる役割

　意味的価値とは，顧客が主観的に判断する価値のため，顧客の価値観によって評価は異なる。ブランドは，消費者の商品に対する意味的価値を向上させる役割を果たす。企業は，ブランドのコンセプト(概念)を，宣伝広告や販売員，店舗，商品を通して，ターゲット顧客層に訴求する。顧客がブランドコンセプト*に共感してくれれば，競合との差別化が可能になり，商品の購入が期待できる。コンセプトが支持され，ブランドへの信頼や満足度が高まると，顧客のブランドロイヤルティ**が形成される。「このブランドの世界観が好き。このブランドなら，安心できる」，「このブランドを使っていると自信がもてる，誇らしい気分になる」といった心理である。ラグジュアリーブランドにおいては，特にこのブランドロイヤルティが高い愛用者が多くみられる。これは，そのブ

ランドに対し，意味的価値を感じているためである。

*コンセプト
　概念の意味。ブランドが本質的に顧客に伝えたい価値や考え方を凝縮したもの
**ロイヤルティ
　忠誠心，愛着心の意味。色々な選択肢があるにも関わらず，価格や流行に左右されず特定のブランドを継続購入してくれる顧客は，ブランドロイヤルティが高いといえる。

③　消費とブランド[4]

　消費には，物的消費と意味的消費の2つがあり，消費者は無意識のうちにこの2つを結合させ，消費行動を行っている。物的消費とは，自然や技術に基づいた製品のアイデアそのものを消費することであり，意味的消費とは，風土や文化に基づいた製品のコンセプトを消費することである（図11-3）。

　例えば，年越しそばは，多くの日本人が行っている慣習である。そばを食べるという行為自体は，物的消費であり，そばという製品アイデアを消費するという点では，いつ食べても同じである。ただし，「大晦日にそばを食べる」とういう行為に意味的消費が生じてくる。年越しそばの由来には，細く長くになぞらえて延命・長寿を願ったものなど，諸説があるが，われわれは何らかの意味を感じ（あるいは，無意識に）年越しそばという製品コンセプトを消費している。

　ブランドはこの意味的消費の表現であり，意味的消費を促進してくれる。特にラグジュアリーブランドの場合，前述の意味的価値は，消費の場面で強く感じられている。服やカバンを使用する際に，単にモノ自体を使う物的消費とともに，「このブランドの服を着ていると気分が高揚する」，「このブランドのバッグを使っている私って素敵」といった意味的消費が行われるのである。

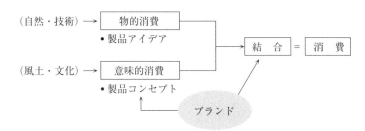

図11-3　消費とブランドの関係
出典：上原征彦：「マーケティング戦略論」，p.6，有斐閣(1999)より作成

④　ブランドと公的自意識

　次にブランドと心理についての調査例をあげる[5]。女子大生に対して，Ⅰ.自意識，Ⅱ.財布に関する意識，Ⅲ.ライフスタイル・ブランドに関する意識，の3つを主軸とする調査を行った。有効回答数は，140名である。自意識尺度については，付録2「心理的測定尺度」に記述されている自意識尺度の質問（p.117）を用い，回答から計算された評点を基に，調査対象者を合計点の高い順から，公的自意識上位者(49名)，公的自意識中位者(42名)，公的自意識下位者(49名)の3グループに分類した。なお，公的自意識尺度とは自

分の服装や化粧など，他者から直接観察できる自己の側面に注意を向けやすい程度を測定する尺度である。

Ⅰの自意識とⅡ及びⅢの結果を併せて分析することにより，以下の傾向がみられた。

公的自意識上位者（以下上位者）と公的自意識下位者（以下下位者）を比較した場合，財布の入手に関し，上位者のほうがブランドを重視していた。また，上位者は，ラグジュアリーブランドの財布について，「優越感を感じさせてくれる」，「気分を高めてくれる」，「自信をもたせてくれる」などの心理的効用を下位者より強く感じていた。

財布について，上位者は，ラグジュアリーブランドに心理的効果を感じ，併せて丈夫さや汚れにくさ，収納力といった機能性も重視するといる傾向がみられた。これに対し，

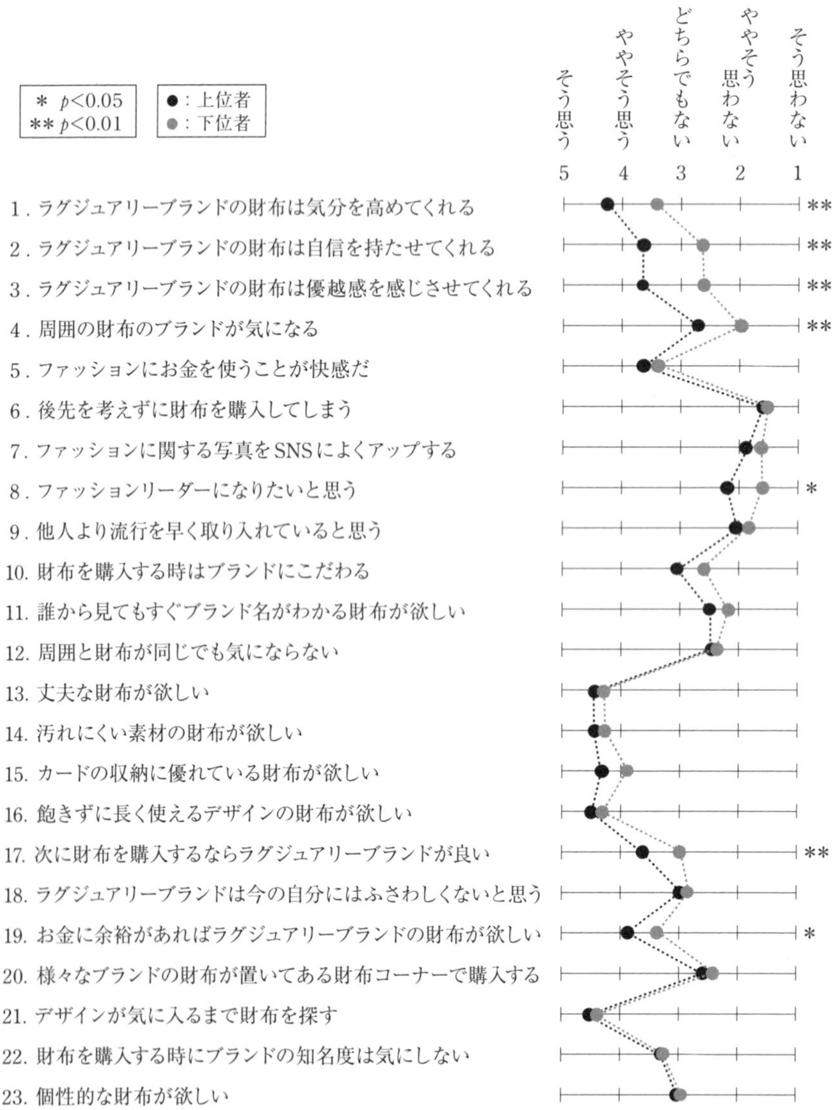

図11-4　ライフスタイル・ブランドに関する意識の比較

下位者は，機能性は上位者と同じように重視するが，ラグジュアリーブランドの心理的効果への評価は低かった。

　図11-4は，Ⅲ．ライフスタイル・ブランドに関する意識について，各質問ごとに，そう思う(5点)，ややそう思う(4点)，どちらでもない(3点)，ややそう思わない(2点)，そう思わない(1点)の尺度点を用い，上位者，下位者に分けて評定平均値を比較したものである。両グループ間で統計的に差が認められた項目には，＊印(有意水準5％)，または＊＊印(有意水準1％)がつけてある。ファッションや財布全般に関する意識については，両者に有意な差はみられなかったが，ブランドに関する回答では差がみられた。

参考文献

1) 風間健，小林茂雄：「衣生活のための消費科学」，p.47，日本衣料管理協会(2011)
2) 風間健：「衣生活のための消費科学」，p.50～52，日本衣料管理協会(2011)
3) 加治慶光，山本和隆：「マーケティング」，p.28～29，ファーストプレス(2015)
4) 上原征彦：「マーケティング戦略論」，p.6，有斐閣(1999)
5) 井口晶代，伊藤優花：女子大生の財布におけるブランド意識の考察，共立女子大学家政学部被服学科卒業論文(2015)

購買行動を変えるフリマアプリ

　2013年頃から新たに登場し，若者・主婦を中心に，急速に普及しているものに，フリーマーケットアプリ(通称：フリマアプリ)がある。フリマアプリとは，インターネットのオンライン上に，仮想のフリーマーケットを構築し，消費者間で物品の売買が行えるスマートフォン用のアプリのことである。ネットを利用した消費者間売買には，従来，ネットオークションがあったが，購入者が価格を決定するというオークションシステムは，一般消費者にはややなじみがうすい面もあった。これに対し，フリマアプリの価格は，出品者が提示する固定価格が基本である。(消費者間での価格交渉は可能)誰でも気軽に出品でき，利用者は売買が成立した場合のみ，手数料を事業会社に払えばよいのが基本であり，売買に際し，リスクやトラブルが少なくなる工夫も凝らされている。

　この新しい中古品市場の拡大が消費者の購買行動や心理に変化をもたらし始めた。以前であれば，購入に躊躇したような商品でも，「何回か着たら，フリマアプリで売ればいいや」，「まず，フリマアプリで未使用品や，状態のよいものを探してみよう」といった意識の変化や新しい購買行動がみられるようになってきた。

　この現象は，大きな視点で考えれば，大量生産・大量消費型社会から必要生産・循環消費型社会への転換の象徴とも捉えられる。元々，江戸時代の日本は循環消費型社会であり，衣服は中古品流通が整備され，大きな市場をもっていた。昨今，環境対策の一つとして，重要視されているリユース(再利用)市場である。最近の消費者は，20〜30年前より古着への抵抗感も薄れてきている。今後，フリマアプリ市場が更に拡大した場合，消費者の購買行動・心理に大きな影響を与えることが予測される。

12章　心のケアと装い

1　高齢者と装い

　2025年にはシニア層が3,700万人に，シニア市場規模は約108兆円になるといわれている。65歳以上の高齢者（以下「高齢者」）人口は3,461万人（2016年9月18日公表，総務省総務局）で，総人口に占める割合は26.7％となっている。性別にみると，男性は1,499万人（男性人口の24.3％），女性は1,962万人（女性人口の30.1％）と，女性が男性より461万人多くなっている。

　厚生労働省が寝たきりをなくすため発表した「高齢者保健福祉推進十か年戦略（ゴールドプラン）」では「寝たきりゼロへの10か条」として，第4条「くらしの中でのリハビリは　食事と排泄，着替えから」，第5条「朝起きてまずは着替えて身だしなみ，寝・食分けて生活にメリとハリ」など，衣服が生活の質（Quality of Life）を高める効果を示唆している。

　ファッションと福祉の先進国スウェーデンでは，介護福祉士が毎朝衣服タンスを開け，患者に対し，今日はどの衣服を着ますかと尋ねることで，1日が始まるという。「この施設には40人ほどのお年寄りが暮らしています。8割以上が認知症を患っていますが，寝たきりになっている人は一人もいません。自分の力で起き上がれない人でも，毎朝必ずスタッフが手伝って車椅子に乗せます。そして食堂で一緒に食事を楽しむのです。」こう語るのは，スウェーデンの首都ストックホルム郊外にある，介護サービス付きの特別住宅で働く介護士のアンナ・ヨハンさん。この住宅に暮らす人たちは，ほとんど80歳以上のいわゆる後期高齢者で，在宅で介護サービスを受け続けることが難しいほどの要介護状態にある。しかし，車椅子に乗っている人でもきれいな服に着替え，パジャマでうろうろしているような高齢者はいない。日本の後期高齢者が集う施設に比べるとずっと穏やかで，明るい雰囲気だ（幸福度世界1位「北欧の楽園」に学ぶ）[1]。

　また，スウェーデンでは高齢者住宅や病院施設がシニア向けの服飾を取り扱っているシニアショップ（1996年に設立 AB：Sveriges senior Shop）と連携してファッションショーを開く例がある。施設側としては入居者に楽しみや最新のファッションに触れる機会を与えることでファッションへの意欲を高めることができ，店側は販売促進につながるので人気を集めている。移動・訪問販売形式をとっているこのシニアショップのなかには，1回に1,000着以上の衣服をもって来て，入居者などに実際に衣服を着てもらい，ファッションショーのモデルになってもらう取り組みをしている店もある[2]。

　これは，衣服が「心を元気にしてくれる」ことを考え，実施している例であろう。

（1） デイケア(daycare)施設で自分らしさの表現となる装い

　　デイケア（福祉・医療関係の施設）では食生活や住空間が同じであり，唯一差別化ができるのは化粧（メイク）や衣服である。東京都の高級ケア病院では病院側が用意した私服で生活しているところもある。一方で朝から寝るときまで，数日着替えをせず，入居者男女全員が同じ患者服（ユニフォーム）で生活している病院も多くある。

　　2007（平成19）年日本医学総会では，病院では治療できない心の問題を大きく取り上げ，「ファッションセラピー」の重要性を発信した。病院・福祉施設などのあまり変化のない環境で毎日を過ごしている高齢者に衣食住分野で唯一差別化ができ，自分らしさの表現が可能なのは「装う」ことである。明るい色の衣服を着用すると気分が明るくなったり華やいだりする。衣服は着用者の気分を変え，さらに態度や行動を変える。

　　装いとケア(care)の側面では，「高齢社会に衣服はどう貢献するのか」をテーマに，心を元気にする衣服としてファッションセラピーの効果が紹介された[3]。また，「高齢者のためのファッションセラピーへのアプローチ」をテーマに，老人ホームにおける衣生活とおしゃれ行動[4]などの研究がある。

　　デイケア（福祉・医療関係の施設）は生活・福祉・病院の3つの役割を果たしているが，そのなか，衣生活における美意識が高齢者の心に大きな影響を与えることは，病院側も認めているし，研究事例からも明らかとなっている。

（2） 地域の健康まつり行事に「ファッションショー」で協力

　　病院で毎年夏に開催される「健康まつり」の一環として，筆者・助手・学生の企画で「ファッションショー」を共同開催した。「健康まつり」行事に実施した「ファッションショー」は病院の男子職員がモデルをサポートした（図12-1）。観客は約250名が来場。病院側が参加者（観客）を対象に実施した当日の行事の人気投票の結果，1位は無料で行う「健康測定」，2位は「ファッションショー」が人気を集めた。デイケア患者に行う化粧やマニキュアによる支援は「ファッションショー」と比べて比較的簡単で，その効果も認められている。一方，効果が大きいとされる「ファッションショー」は，多くの協力者が必要で緻密な計画が求められる。例えば，テーマ内容，企画，予算，日程のスケジュールの管理，モデルの衣服フィッティング，衣服サイズの確認，移動（ショー用の衣服・雑貨），化粧，会場設置，照明・音楽，記念写真撮影，報道・効果の宣伝，ショー実施後の衣服の洗濯，衛生管理，事故の場合に備えた保険契約などが最低限必要である。このように公的場所での「ファッションショー」の実施には気を遣うところが多くある。一方，「ミニ・ファッションショー体験」形式は気軽に楽しめ

図12-1　地域病院の「健康まつり」に「心を元気にするファッション」で協力

（撮影：孫　珠熙）

るので，老人病院施設で取り入れるとその効果は大いにあると思われる[5]。

　大学や地域の介護・リハビリテーション病院の積極的な協働・連携により，高齢者は自分を自分らしく演出でき，変化のない日々に活力が与えられる。また，最高の笑顔を見せ，一生忘れられない思い出が残る。モデルになった患者自身にとっても気分転換になるが，それを見た患者仲間も明るい気分になり，笑顔が生まれる。地域活性化のために規模の小さい行事として実施することが望ましい。

2　ファッションが心に及ぼす影響（ファッションセラピー）

（1）　研究事例Ⅰ（N＝42．デイケア高齢者平均年齢81.3歳）[6]

　病院のデイケア（通所リハビリテーション）に通う高齢者を対象に，「ミニ・ファッションショー」を開き，モデルとして出演した高齢者の「ミニ・ファッションショー」体験が「着装評価」に及ぼす影響を実験・調査した。また，衣生活支援によって高齢者を元気づけ，介護予防としても役立てられるように，「ミニ・ファッションショー」出演体験前後の高齢者の「気分・感情」の変化を実験・調査した。

　モデル（デイケア高齢者）の人選は病院側が担当した。倫理基準に従い，保護者の許可を得た。モデルの衣服の着替えなどのサポートは学生と病院の看護師が協力した。開催場所は病院の室内のホール。

①　ファッションショー用の衣服のテーマ企画

　女性衣服は①若さを求めて②伝統を求めて③現代感覚を求めて④高級感を求めて⑤日本のエスニックの5つのテーマで実施した。

　女性衣服①はトレンディーな外資系グローバルSPA（製造小売業）系ブランドの代表

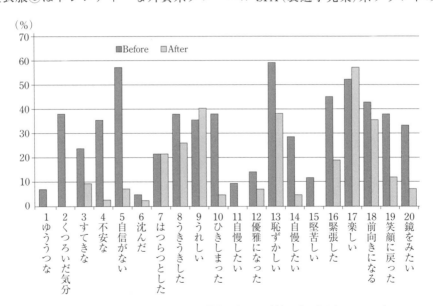

図12-2　ファッションショー体験の前後の気分・感情の違い（形容語20項目）

といえるH&M, ZARA, Forever21などのブランド，②はコンサバティブな既存のシニア対象のブランド系，③は現代的(コンテンポラリー)な婦人服などを用いた。

① ミニ・ファッションショー体験では，各テーマのサンプル用衣服はハンガーにかけ，自分で好きな衣服を選んでもらい，その衣服でミニ・ファッションショー体験を行った。ファッションショー体験の前後に気分や感情に関する質問紙調査を行った。

② 「気分・感情」の質問紙調査の測定項目については，『気分・感情』を表す「ゆううつな」「くつろいだ気分だ」「すてきな」「不安な」などの形容語20項目(図12-2)，『着装評価』10項目を4件法(4 そう思う，3 ややそう思う，2 あまりそう思わない，1 そう思わない)で評定した。

図12-3は101歳のデイケア患者さんによる「ミニ・ファッションショー体験」の様子である。

③ 調査対象者の平均年齢は，81.3歳であった。ファッションショー前の「気分・感情」については20形容語の評価データを因子分析した結果から『笑顔・前向き』『優雅・楽しさ』『恥ずかしさ』『緊張感』の4因子が抽出され，累積寄与率は62.9%であった。ファッションショー体験前後のギャップをみてみると，「自信がない」はショー前(24名)・後(3名)とギャップが高く，「楽しい」はショー前(22名)・後(24名)で共に高く評価された(図12-2)。

before　　　after

図12-3　着装実験(Before・After)

(撮影：孫　珠熙)

④ ステージに上がるときに気をつけたことは，「年をとってもおしゃれを楽しみたい(83.3%)」「転ばないようにした(77.5%)」「笑顔をつくった(52.5%)」「姿勢を良くした(35%)」であった(図12-4)。

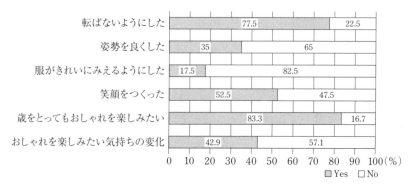

図12-4　ステージに上がるときに気をつけたこと

(2) 研究事例Ⅱ．(N=75，デイケア高齢者平均年齢77歳)[7]

ファッションが人の心に与える影響を実験・調査した研究事例Ⅱをあげる。調査対象者75名の平均年齢は77歳であった。着装評価において，高齢者自身で選んだ衣服のテーマでは，①若さを求めて(H&Mなどのファッション性のある低価格のファスト・

ファッション系ブランド：61.3％）②伝統を求めて（従来の既製服のちりめんブラウスなど：28％），③現代感覚を求めて（洗練された50代向きブランド：26.7％），④高級感を求めて（値段の高い高級な衣服：26.7％），⑤日本のエスニック（和柄のスカート・Tシャツ：14.7％）順に好んでいた。

平均年齢で2群（77歳未満が36名，77歳以上が39名）に分けてみると，ちりめんブラウスなどの既存ブランドは77歳以上（35.9％）が好んでおり，77歳未満（19.4％）はちりめんブラウスなどの既存ブランドはあまり好んでいなかった。

次に，「衣服を選ぶときに重視するもの」について，一番多かった答えは「似合うかどうか」が77歳未満（25名）で，77歳以上（20名）で合わせて45名であった。「動きやすい

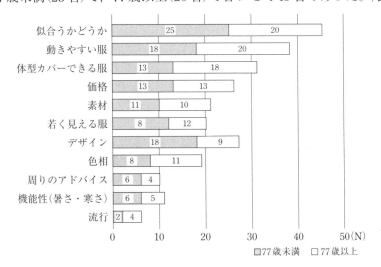

図12-5　衣服を選ぶときに何を重視しますか（複数回答）

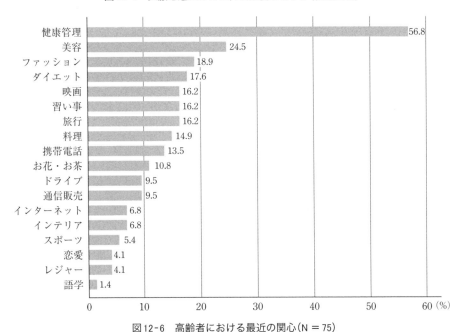

図12-6　高齢者における最近の関心（N＝75）

2　ファッションが心に及ぼす影響　　105

服」は77歳未満(18名),77歳以上(20名),「体型カバーできる衣服」は77歳未満(13名),77歳以上(18名)で,年齢がいくほど動きやすく体型がカバーできる服を重視していた(図12-5)。

高齢者の「最近の関心」(18項目,複数回答)については,健康管理(56.8％),美容(24.5％)ファッション(18.9％),ダイエット(17.6％),映画(16.2％),習い事(16.2％),旅行(16.2％)の順であった。高齢になっても若者と同様に「健康管理」,「美容」,「ファッション」,「ダイエット」に興味をもっており,ファッションと健康は女性の永遠の関心対象であることが示された(図12-6)。

(3) デイケア高齢者自身の装い体験のエピソード

外出の機会が少ない高齢者は,衣服に関する店や商品,ブランドの情報をあまりもっていない。「ミニ・ファッションショー」で用意された衣服は,高齢者が今まで着たことのないきれいな色,装飾性のある素材,エレガントなスタイルの衣服であったため,自分の好みに合う服を選んだり試着したりした「ミニ・ファッションショー」は,デイケア高齢者にとって楽しい体験であった。

普段の地味な衣服ではなく,自分好みの目新しい衣服を着装し,記念写真を撮り,最高の笑顔を見せ,違う自分を発見し,参加した高齢者にとってファッションショーは,一生忘れられない経験となった。平均年齢70歳以上の世代は,ウエディングドレスもなかった時代に青春時代を送っていたこともあり,このファッションショーをきっかけにウエディングドレスを着てみたいという人もいた。また,化粧をするのが15年ぶりという人もいた。熊本市のデイケア高齢者の当時100歳の女性は,濃いブラウン系の地味な衣服を着ていたが,自分の好みで選んだファッションショー体験用の衣服を着替えた瞬間,まるで少女のように両手を上げながらゆっくり踊った(図12-3)。この様子は衣服が人の心(気分・感情)を高揚させる力をもっていることを示した事例である。100歳の女性が選んだ衣服は,学生が作った和柄の綿素材のギャザースカート,袖なしのシンプルなシャツ,七分袖の緑色ニットガーディガンである。3点で合計1万円もしない衣服であった。

3 健康と化粧(メイク)

(1) 化粧行動による情動の活性化

高齢者のおしゃれ行動と情動の活性化の問題について,高齢女性の健常者を対象とした調査[8]を紹介する。女性190名(内訳は60～69歳が50名,70～79歳が96名,80～89歳が39名,不明が5名)に対して,一人ずつに面接したものである。そのなかからおしゃれ行動に関する調査結果をあげる。化粧行動については,化粧をすることに対して約6割が「楽しい」,約8割が「気持ちが若返る」と回答している。また約7割が「高齢者

が化粧をすることについて周りの反応が冷たい」とは思わず，約9割が「高齢者になっても化粧は必要だ」と考えており，化粧に対する意識は肯定的意識が過半数を占めている。図12-7は鳴門市の老人病院における化粧療法の写真である(読売新聞2001年9月15日)。この病院では週に1回，入院中の女性たちを対象に化粧療法を行っているという。長い入院生活でふさぎ込みがちな人々も，「表情が明るくなる」「コミュニケーションがスムーズになる」などとその効果が認められている[9]。

図12-7　老人病院の化粧療法

（2）介護現場で活かす化粧ケアのチカラ

2009(平成21)年度から社会福祉士，介護福祉士養成の教育内容に化粧が追加されるなど，介護現場で「化粧」や「身だしなみ」から得られる心身への効果が期待されている。資生堂(東京都)は東京都健康長寿医療センターと共同で，化粧によって高齢者の心身機能にどのような変化がみられるのか，実証実験に取り組んでいる[10]。

下村義弘らによる「介護の現場で注目：化粧のチカラ」の研究成果は，「化粧は五感を刺激し，脳を活性化する。化粧前と化粧後：抑うつ傾向を改善。3か月で握力が平均1.4倍に上昇した。ほぼ全員の生活自立度が上昇した[11]などの成果が紹介されている。

地味な服ばかり着用している高齢者，一日中着替えもせずに病院で暮らす患者，デイケアに通って変化のない日々を送る高齢者に，以上の研究事例・成果が衣生活に生かされることを期待する。

その効果は活気や高揚感を与えることができ，自信も回復してもらえるなど，ファッションが心に与える影響は大きいと思われる。

参考文献

1) 週刊現代,講談社 2015.10.03 発刊,スウェーデンはなぜ「寝たきり老人」がいないのか
2) http://seniorshop.se
3) 日本家政学会被服構成学部会主催:生活の質を高める衣服－健康で自立した高齢期を過ごすために－,研究成果公開発表(2009)
4) 小林茂雄:老人ホームにおける衣生活とおしゃれ行動,繊維機械学会誌,53,(6),p.229-236(2000)
5) Ju-hee SOHN：Wearing Evaluation of Global SPA Brand Conventional Brand Clothes by Elderly Day-Care Subjects, p.83-86, The Korean Society of Clothing and Textiles (2012).
6) Ju-hee SOHN：The How Participation in Mini Fashion Shows for the Elderly Affected their Mood and Feelings. (国際家政学会 PT1138, IFHE2016)
7) 孫珠熙:「デイケア高齢者によるファストファッション系ブランド・既存ブランドの着装評価」,富山大学人間発達科学部紀要,8,(2), p.89-100(2014)
8) 岩倉由紀・北島美和子:高齢者のおしゃれ行動とその効用,共立女子大学家政学部被服学科卒業論文(1996)
9) 小林茂雄:「装いの心理」, p.71, アイ・ケイコーポレーション(2003)
10) 毎日フォーラム,「心身機能の回復へ効果が期待:資生堂と東京都健康長寿医療センターが実証実験」(化粧),(2015)
11) 下村義弘(千葉大学院工学部),資生堂・東京都健康長寿医療センター調査:「介護の現場で注目:化粧のチカラ」富山テレビ放送(2015)
12) 小林茂雄・田中美智編著:「介護と衣生活」同文書院(2005)

1. グローバルSPAとは

　グローバルSPA(製造小売業の業態；Specialty store retailer of private label apparel)系ブランドとは，ファストファッション(Fast fashion)系のブランドの業態のことであり，自社で製造と販売を兼担するアパレル製造小売専門店ブランド業態のことをいう。世界的に大量生産・販売するファッションブランドやその業態をさす。

　日本に進出する外資系SPA企業の日本初出店はGAP(アメリカ発日本上陸1994年)，ZARA(スペイン発日本上陸1999年)，H&M(スウェーデン発日本上陸2008年，1947年創立)，Forever21(アメリカ発日本上陸2009年)などがある。特徴はサイズが豊富，ファッション性，低価格，週2回の新商品入荷，立地条件(都市)などにある。

2. ファッションセラピー(Fashion Therapy)

　「私たちは着装の仕方により気分も変化することを経験している。このことは，装いの仕方が着装者の精神面に影響していることを示唆する。この考え方を応用したものにファッション療法(ファッションセラピー)がある[4),12)]。

　最初のファッションセラピーは1959年にアメリカのサンフランシスコ精神健康協会とファッショングループ共催で，カリフォルニアのナパ州立病院に入院した女性患者のために週2回4週間計8回にわたり実施された。また，テキサス州立病院では精神病で入院した女性患者を対象に6週・9週プログラムで実施された。いずれのプログラムでも，患者は身体および外見満足度と自己概念が向上した[*]。

　これらは医療行為とはいえないが，衣服を使った心理的治療として取り入れられ，心を元気にするほか，自信の回復に効果をあげている。

出典：[*] 崔正和他11名：「Healthcare clothes」，Seoul National University (SNU)出版文化院(2010)

付 録 1

被服心理学の研究手法

　被服心理学では，衣服の選択，購買，着装などの行動とその要因との関係が研究されており，次のような研究手法が用いられている。

(1) 観察法

　調査対象者のありのままの姿を気づかれないように観察し，そこから得られる情報を記録する方法である。この方法の特徴は，ありのままの姿を記録できることである。しかし場合によっては，個人のプライバシーを侵害する恐れがあるので，十分な注意と配慮が必要である。また，通常はアンケート調査を伴わないので，調査対象者の正確な個人的情報はとらえられない。記録のために，ビデオ，カメラなどの機器を使用することが多い。店頭での顧客の買い物のしかたを調査する場合，街頭での人々のファッションの情報を収集する場合などに用いる。後者の場合には，観察する場所を決めて行う定点観測では，時期を変えて行えば経時的変化の情報をとらえることができる。

　本書では，7章の「ビジネスマンの通勤着スタイルの調査」，8章の「七五三の服装の定点観測調査」に観察法を用いている。

(2) 実験法

　調査対象のある特性の行動に影響すると思われる条件のうち，いくつかの条件を操作し，できるだけ一定にした実験条件を設定する。このような操作によって対象者の特定な行動が変化すれば，操作された条件が行動の原因の一つになっているといえる。実験法では刺激（条件）と行動の因果関係を調べることができるが，この手法による研究報告は，被服心理学の分野ではまだ少ない。

　実験法の例として，レフコウイッツ（Lefkowitz，1955）の実験について述べる。彼は交差点の横断時の信号違反に関する野外実験を行っている。一人の同じ実験協力者に，高級なスーツスタイルと，うす汚い服装スタイルをさせて，信号機を無視して横断歩道を渡らせたとき，信号待ちのほかの歩行者がどのような行動をとるかを実験した。前者のスタイルのほうが信号無視の行動につられて渡りだす人が有意に多く，着装スタイルが影響する結果となった（「装いの心理」，p.33 アイ・ケイコーポレーション（2014）のコラム8より引用）。

(3) アンケート調査法

　質問紙により回答を得る方法であり，一連の質問項目が文章化されている質問紙（調査票）が用いられる。アンケート調査法は多数の調査対象者に対して，比較的短時間に調査を行うことが可能であり，簡便で効率の良い方法として多用される。被服心理学ではこの方法を用いた研

究報告が圧倒的に多く，本書の研究事例でも，この方法による調査がほとんどといってよい。

アンケート調査法は，情報を収集する方法により各種の方法があるが，主な方法を次に記述する。なお，それぞれの方法には長所，短所があるが，それらについては専門書を参考されたい。

　①質問紙面接調査法：調査員が調査対象者と会い，調査票に従って質問し，回答を調査員が記入する方法である。子どもや高齢者に対する調査では，この方法によらないと正確な情報を得られない場合も多い。

　②配票調査法（留置調査法）：調査員が調査対象者を訪問し調査票を渡して依頼し，後日に再訪問し調査票を回収する方法である。

　③郵送調査法：調査対象者に調査票を郵送し，調査票の記入後に返送してもらう方法である。

　④電話調査法：調査員が調査対象者に電話で質問し，電話による回答を調査員が記入する方法である。なお，コンピュータで無作為に発生させた番号に電話をかける方法は，RDD（ランダム・デジット・ダイアリング）法である。

　⑤託送調査法：集団や組織を利用して調査対象者に調査票を渡してもらい，回答後の調査票を持ってきてもらう方法である。

　⑥集合調査法：所定の場所に調査対象者を集め，調査員が調査票を配布し，調査対象者にその場で回答を記入してもらう方法である。

　⑦インターネット調査法：インターネットで調査票を送り，回答結果をインターネットで送り返してもらう方法である。

(4)　資料分析法

　雑誌，新聞，報告書などの資料を分析する方法である。資料には言語情報と写真や挿絵などの非言語情報がある。この手法では，研究目的に関連した資料をいかにして収集し，必要とする情報を得るかが重要である。服装関係の資料としては，雑誌，新聞，広告などが比較的よく用いられる。例えば，古い時代から現在までのファッション雑誌を分析すれば，被服心理に関するさまざまな経時的情報が得られる。

付録 2

心理的測定尺度

心理的尺度には多くのものが開発されているが，本書の研究事例に用いている尺度として(1)性役割尺度(S.L. ベム)，(2)自尊感情尺度(ジャニス&フィールド)，(3)自意識尺度(菅原健作)，(4)SD 尺度について述べる。

(1) 性役割尺度(S.L. ベム)

この尺度は BSRI (Bem Sex Role Inventory)とよばれているものであるが，日本語の翻訳で表現が異なるもの(「心理尺度ファイル」垣内出版)，評価項目を60から30に半減させたもの(「被服心理学演習ノート」繊維機械学会)もある。

<質 問> 以下にあげられる事柄が自分にどの程度あてはまるかを考えて，該当する評点を〔 〕内に記入しなさい。

- −3：全くあてはまらない
- −2：かなりあてはまらない
- −1：ややあてはまらない
- 　0：どちらともいえない
- 　1：ややあてはまる
- 　2：かなりあてはまる
- 　3：非常によくあてはまる

1　自信がある　　　　　　　　　　1〔　〕
2　従順である　　　　　　　　　　　〔　〕
3　人の役にたつ　　　　　　　　　　　〔　〕
4　反論にあうと再反論する　　〔　〕
5　ほがらかである　　　　　　　5〔　〕
6　気がかわりやすい　　　　　　　　〔　〕
7　人に頼らない　　　〔　〕
8　内気である　　　　　　　　　〔　〕
9　良心的である　　　　　　　　　　　〔　〕
10　運動が得意である　　　　10〔　〕
11　やさしい　　　　　　　　　　〔　〕
12　わざとらしい　　　　　　　　　　〔　〕
13　自己主張が強い　　　〔　〕

14	おだてられると嬉しい	〔　〕
15	きげんがよい	15〔　〕
16	個性が強い	〔　〕
17	忠実である	〔　〕
18	おちつきがない	〔　〕
19	押しが強い	〔　〕
20	女性的である	20〔　〕
21	人に頼られる	〔　〕
22	分析的である	〔　〕
23	共感しやすい	〔　〕
24	人をうらやましく思いやすい	〔　〕
25	リーダーとしての能力がある	25〔　〕
26	他人の求めているものがすぐわかる	〔　〕
27	誠意がある	〔　〕
28	危険を冒す	〔　〕
29	ものわかりがよい	〔　〕
30	秘密主義である	30〔　〕
31	決断が早い	〔　〕
32	同情心が厚い	〔　〕
33	まごころがある	〔　〕
34	自分で何でもできる	〔　〕
35	傷ついた人の心を慰めてやりたい	35〔　〕
36	うぬぼれている	〔　〕
37	人に指図する	〔　〕
38	言葉遣いがやさしい	〔　〕
39	人から好かれる	〔　〕
40	男性的である	40〔　〕
41	心があたたかい	〔　〕
42	まじめくさっている	〔　〕
43	自分の立場を明確に打ち出す	〔　〕
44	人やものをいつくしむ	〔　〕
45	友達になりやすい	45〔　〕
46	積極的である	〔　〕
47	信じやすい	〔　〕
48	ぐずぐずしている	〔　〕
49	リーダーとしてふるまう	〔　〕

50	無邪気である	50	〔　〕
51	適応性がある		〔　〕
52	個人主義である	〔　〕	
53	激しい言葉遣いを避ける		〔　〕
54	手際が悪い		〔　〕
55	人と競争する	55 〔　〕	
56	子ども好きである		〔　〕
57	あいそがいい		〔　〕
58	大志を抱いている	〔　〕	
59	情があつい		〔　〕
60	考えが古い	60	〔　〕

🅢 尺度値の計算

次式より t 値を求める

$$t = \frac{\{(a/20) - (c/20)\}}{\sqrt{[\{(b/20) - (a/20)^2\} + \{(d/20) - (c/20)^2\}]/19}}$$

ただし　a = 1列目の各項目の合計得点
　　　　b = 1列目の各項目の自乗の合計得点
　　　　c = 2列目の各項目の合計得点
　　　　d = 2列目の各項目の自乗の合計得点
　　　　（3列目は計算に用いない）

🅢 尺度値の判定規準

女性：純女性的女性（依存性指向）　　$t \leq -2.025$
　　　やや女性的女性（寛容指向）　　$-2.025 < t < -1$
　　　両性的女性（中立指向）　　　　$-1 \leq t \leq 1$
　　　やや男性的女性（安定指向）　　$1 < t < 2.025$
　　　純男性的女性（合理性指向）　　$2.025 \leq t$
男性：純男性的男性（支配性指向）　　$2.025 \leq t$
　　　やや男性的男性（独立指向）　　$1 < t < 2.025$

両性的男性（中立指向）　　　　$-1 \leq t \leq 1$
やや女性的男性（協調指向）　　$-2.025 < t < -1$
純女性的男性（依存性指向）　　$t \leq -2.025$

（2）　自尊感情尺度（ジャニス＆フィールド）

＜質　問＞　下記の項目に対して，自分がどの程度あてはまるかについて，次の尺度で答えなさい。

5点：非常にしばしば思う
4点：かなりしばしば思う
3点：ときどき思う
2点：たまに思う
1点：ほとんど思わない

1　あなたが知っている大部分の人々に比べて，自分のほうが劣っていると感じることがありますか。
2　あなたは，自分が価値ある人間であると感じていますか。
3　あなたは，自分の知っている人々が，いつかはあなたを尊敬の目をもって仰ぎ見る日がくると確信していますか。
4　あなたは，自分の過誤（ミス）は自分のせいだと感じることが，どのくらいありますか。
5　あなたは，自分に落胆するあまり，何が一体価値のあるものだと疑いをおぼえたことがありますか。
6　あなたは，自己嫌悪をおぼえること（自分で自分がいやになること）がありますか。
7　一般に，あなたは自分のいろいろな能力についてどのくらい自信をもっていますか。
8　あなたは，自分にはうまくやれることなど全然ないといった気持ちになることが，どのくらいありますか。
9　あなたは，自分が他の人々とどのくらいうまくやっていけるかということについて，気にしますか。
10　あなたは，あなたの仕事ぶりや成績を審査する立場にある人の批評を，どのくらい気にしますか。
11　あなたは，他の人々がすでに集まって話し合っている部屋に自分一人で入っていくような場合，気兼ねや不安をおぼえますか。
12　あなたは，人前を気にしたり，はにかみをおぼえることがありますか。
13　あなたは，クラスや自分と同年輩の人々のグループの前でしゃべらなければならないとき，心配したり，不安に思ったりしますか。

14 他の人々がみているところで，ゲームやスポーツをやっており，それにぜひ勝とうと思っている場合，あなたは普通どのくらい，とり乱したり，まごついたり（あがったり）しますか。

15 他の人々から，あなたが職業や経歴における成功者（または優等生）とみられているか，あるいは失敗者（または劣等者）とみられているかということについて，あなたは気になりますか。

16 人と一緒にいるとき，あなたはどんなことを話題にしたらよいかについて困りますか。

17 とんでもないミスや，ばかにされるような大失敗をしでかしたとき，あなたはどのくらい長く，そのことを気にしますか。

18 あなたは初対面の人にあったとき，時間つぶしに話をするのがむずかしいですか。

19 他の人があなたと一緒にいることを好んでいるかどうかについて，あなたは気にしますか。

20 あなたは，恥ずかしくてどうにもならないと思うことがありますか。

21 自分の意見に同意しない人々を説得している場合，あなたは自分が相手にどのような印象を与えているかということが，気になりますか。

22 あなたの友達や知り合いのなかに，あなたのことをよく思っていない人がいるかもしれないと考えるとき，あなたはそのことをどのくらい気にしますか。

23 他の人があなたのことをどのように考えているかということが，あなたはどのくらい気になりますか。

尺度値の計算

各質問項目の合計評点を求める。ただし，質問1, 4, 5, 6, 8, 11, 12, 13, 14, 16, 17, 18は逆転項目につき，評点のつけ方は逆にする。

(3) 自意識尺度（菅原健作）

Fenigsteinらの開発した尺度をもとに，日本語版の尺度としたものである。この尺度からは，公的自意識と私的自意識の2つの尺度を得ることができる。1つは公的自意識尺度であり，自分の服装や化粧など，他者から直接観察できる自己の側面に注意を向けやすい程度を測定する尺度である。他の1つは私的自意識尺度であり，自分の内面や感情など他者から直接観測されない自己の側面を測定する尺度である。

＜質　問＞　下記の項目に対して，自分がどの程度当てはまるかについて，次の尺度で答えなさい。
  1点：全くあてはまらない
  2点：あてはまらない
  3点：ややあてはまらない
  4点：どちらともいえない
  5点：ややあてはまる
  6点：あてはまる
  7点：非常によくあてはまる

1　自分が他人にどのように思われているのか気になる。
2　世間体など気にならない。
3　自分がどんな人間か自覚しようと努めている。
4　人に会うとき，どんなふうにふるまえば良いのか気になる。
5　その時々の気持ちの動きを自分自身でつかんでいたい。
6　自分の発言を他人がどう受け取ったか気になる。
7　自分自身の内面のことには，あまり関心がない。
8　人に見られていると，つい格好をつけてしまう。
9　自分の容姿を気にするほうだ。
10　自分が本当に何をしたいのか考えながら行動する。
11　ふと，一歩離れたところから自分をながめてみることがある。
12　自分についてのうわさに関心がある。
13　人前で何かするとき，自分のしぐさや姿が気になる。
14　自分を反省してみることが多い。
15　他人を見るように自分をながめてみることがある。
16　しばしば，自分の心を理解しようとする。
17　他人からの評価を考えながら行動する。
18　つねに，自分自身をみつめる目を忘れないようにしている。
19　初対面の人に，自分の印象を悪くしないように気遣う。
20　気分が変わると自分自身でそれを敏感に感じるとるほうだ。
21　人の目に映る自分の姿に心を配る。

（備考）　質問項目2，7は逆転項目であり，点数を逆に変える。
　　　　　公的自意識の質問項目は1，2，4，6，8，9，12，13，17，19，21
　　　　　私的自意識の質問項目は3，5，7，10，11，14，15，16，18，20

(4) SD尺度

　　SD (Semantic Differential) 尺度はイメージや感情などの測定に多用されている。この方法は，例えば，衣服のイメージを測定する場合には，(個性的な：平凡な)，(派手な：地味な)，(おしゃれな：やぼったい)，(おとなしい：派手な)，(大人っぽい：若々しい)，(カジュアルな：フォーマルな)……のように反意語を選定する。なお，適当な反意語が見つからない場合には，否定語を用いる。この例としては，香りの評価での(さわやかな：さわやかでない)がある。

　　次にこれらの反意語について，5段階尺度(そう思う，ややそう思う，どちらでもない，ややそう思わない，そう思わない)などを用いて評価対象を評定するものである。5段階尺度を用いる場合が多いが，7段階尺度を用いる場合もある。5段階尺度では，そう思うに2点，ややそう思うに1点，どちらでもないに0点，ややそう思わないに－1点，そう思わないに－2点を与えて数値化する(そう思わないから，そう思うに向かって，1点，2点，3点，4点，5点を与えて数値化することもある)。

　　各反意語の平均評定値から作成したプロフィールをもとに，評価の特徴を考察することもあるが，通常は評価データに，付録3の「統計的手法」に記述している主成分分析法，あるいは因子分析法を適用して，評価の内部構造を推測する方法をとる。本書では，2章に主成分分析法を適用した例を掲載している。

付録 3

統計的手法

本書に用いている統計的手法に関係する事項を中心に述べる。

(1) 統計的検定と有意水準

　検定とは，2組あるいはそれ以上のデータの間に「差がある」，あるいは「関係がある」といえるか否かを調べる方法である。この場合に，有意水準(危険率)のもとでそのようなことがいえるか否かを判定する。有意水準には5%($p<0.05$)，1%($p<0.01$)，0.1%($p<0.001$)を用いる。

　例えば，「差がある」ことを調べる場合，有意水準5%で有意になると，100回のうち95回の信頼度で「差がある」といえることを意味する。有意水準1%では100回のうち99回の信頼度，有意水準0.1%では1000回のうち999回の信頼度で「差がある」といえることになり，信頼度は順に高くなる。

　検定にはいくつかの方法があるが，本書で用いている方法は「相関係数の検定(r検定)」と，「平均値の差の検定(t検定)」である。

(2) 相関係数

　2組のデータの間に，直線的な相関関係がどの程度あるかを示す値に相関係数(r)がある。2組のデータが共に増加する場合に，一方の組の各データと，それに対応する他方の組のデータの関係をプロットしたとき，プロット点が右上がりの直線上に完全にのると相関係数は1となる。また，2組のデータのうち一方が増加し他方が減少する場合に，両者の関係をプロットしたとき，プロット点が右下がりの直線上に完全にのると相関係数は−1となる。

　相関係数は+1と−1の間の値をとり，プラスの値の場合は正の相関でありプロット点は右上がりに分布し，マイナスの値の場合は負の相関でありプロット点は右下がりに分布する。また，相関係数が0は完全に相関がない場合である。

　本書では，いくつかの事例で相関係数を求め，相関係数の検定により相関があるといえるか否かを調べている。

(3) 量的データと質的データ

　体重はkg，身長はcmの単位により，それぞれの特性の程度を量的に表すことができる。これに対して(男性，女性)は性別を，(洋服，和服)は衣服を分類するための単なるラベルや記号として用いているにすぎない。この場合に，前者を量的データ(定量的データ)，後者を質的データ(定性的データ)という。

　心理的測定尺度の5段階尺度(そう思う，ややそう思う，どちらでもない，ややそう思わない，そう思わない)では，2点〜−2点，あるいは5点〜1点を与えて数値化するが，この場合は程度を表す量的データである。これに対して，質的データでは男性を1，女性を0として数

値化するように，2段階尺度(そう思う，そう思わない)では，そう思うに1，そう思わないに0を与え数値化する．この場合の1，0は程度ではなく，分類を表す質的データである．

(4) 多変量解析法

本書で用いている因子分析法，主成分分析法，数量化3類，テキストマイニング法は，いずれも多変量解析とよばれる統計解析法に属する．多変量解析法は用語が示すように，変数が多数あるデータを解析する統計的手法である．

① 因子分析法と主成分分析法

因子分析法および主成分分析法は，原則的には量的データに適用される手法である．この2つの手法では解析に用いる数式モデルは異なるが，①ともに2変数(評価用語や質問)の全組合せから得られる相関係数行列を解析に用いること，②因子分析では因子負荷量，因子得点を用いて，また主成分分析法では，主成分負荷量，主成分得点を用いて評価構造を探ることの視点からは類似の手法であるといえる．多くの変数(評価用語や質問)の評定結果から評価構造をとらえることは難しいが，新たに求めた少数の変数(因子や主成分)から，評価構造をとらえることが可能となる．

各因子(各主成分)が何を意味するかは，各変数の因子負荷量の大きさをもとに推測し，それらの意味を命名する．因子分析(主成分分析)の寄与率は，その因子(主成分)の説明力の大きさを示している．因子得点(主成分得点)を求めると，評価に用いた調査対象者や調査対象物と各因子(各主成分)の関係を知ることができる．

② 数量化3類

数量化3類は質的データに適応される手法である．この手法は量的データの主成分分析法を質的データの解析に拡張したものであり，解析結果からは，主成分分析や因子分析と同じような計算値を求めることができる．

個人別のアンケート調査では回答データを1，0に数値化し，カテゴリー(質問)とサンプル(回答者)のクロス表のデータを行と列を入れ替えながら並び変え，相関を最大にする手順をとる．因子分析や主成分分析の因子負荷量(主成分負荷量)はカテゴリースコア，因子得点(主成分得点)はサンプルスコアに対応する．

③ テキストマイニング法

テキストマイニング法は，通常の言葉で書かれた文章を分析する統計的手法である．テキストとは小説，新聞，メールなど文書を意味し，マイニングとは採掘のことであるが，テキストマイニング法では，データを掘り返して重要な情報を見つけだすデータマイニングをいう．

アンケート調査では，あらかじめ質問をコード化したプリコード式が多用されるが，この手法では自由記述式の文章から，用語や句(フレーズ)を数値化し，頻度や用語間の関連などを分析する．記述内容はコンピュータが管理し，キーワードの発見や抽出もコンピュータに任せることが可能である．数値化されたデータは各種の統計的手法により解析される．

6章に高校の制服について，テキストマイニング法の事例研究を示している．

索　引

あ

- アイデンティティ……………48
- アーリーマジョリティ…………76
- アロマコロジー………………91
- アロマセラピー……………11, 91
- 安全・安定の欲求………………2
- 安全の欲求………………………2

い

- 1次的動機………………………5
- 1次的欲求………………………1
- 一貫性効果……………………34
- 一般化型………………………74
- イノベーター…………………76
- イノベーター理論……………77
- 衣服令…………………………67
- イベント用浴衣………………54
- 意味的価値……………………96
- 意味的消費……………………97
- イメージ………………………54
- 医薬品医療機器等法…………86
- 入れ墨…………………………68
- 色立体…………………………14
- 因子分析…………26, 51, 60, 89
- 印象管理………………………35
- 印象形成………………………31
- 印象操作………………………35
- インターネット……………79, 95

え

- H&M…………………………104
- SI………………………………48
- SNS……………………………79
- SD法……………………………11
- SPA（製造小売業）系
  ブランド……………………103
- 援助行動………………………34

お

- 応諾行動………………………34
- おしゃれ………………………52
- 温泉宿用浴衣…………………55

か

- 外見満足度……………………109
- 革新者…………………………76
- 獲得的役割……………………58
- カジュアルな服装……………39
- 家族的役割……………………59
- 価値提供システム……………96
- カテゴリ化…………………53, 54
- 冠位十二階……………………67
- 感覚……………………………10
- 冠婚葬祭………………………66
- 慣習……………………………66
- 感情……………………………10
- 寒色……………………………14
- 感性……………………………49

き

- 帰属的役割……………………58
- 基礎化粧品……………………86
- 機能的価値……………………96
- 気分・感情………………103, 104
- キャズム………………………77
- キャズム理論…………………77
- 嗅感覚特性……………………10
- 拒食症…………………………24

く

- クール・ビス…………………66
- クリスチャン・ディオール…57
- グローバルSPA………………109

け

- 経済的要因……………………94
- 形態と感情……………………16
- 軽犯罪法………………………68
- 警備業法………………………68
- ゲーム段階……………………22
- ゲシュタルト・モデル………32
- 化粧（メイク）………………102
- 化粧行動……………84, 88, 106
- 化粧行動と意識………………88
- 化粧心理………………………84
- 化粧の起源……………………84
- 化粧の心理的効用……………87
- 化粧の定義……………………84
- 化粧の役割……………………85
- 化粧品の役割…………………86
- 化粧療法………………………107
- 欠乏欲求…………………………3
- 健康管理………………………105
- 言語情報伝達…………………30
- 現実的自己……………………22

こ

- 現実的身体像…………………24
- 原始的動機………………………5
- 減衰型…………………………74

- 好意の返報性…………………38
- 後期追随者……………………76
- 攻撃行動………………………34
- 高校生の制服行動……………51
- 公衆距離………………………43
- 高次欲求論……………………3, 9
- 公然わいせつ罪………………68
- 校則……………………………52
- 公的自意識……………………97
- 光背効果………………………32
- 購買行動………………………93
- 購買行動モデル………………93
- 購買心理………………………93
- 購買プロセスのファイブ
  ステージ・モデル…………94
- 高齢者…………………………102
- 高齢社会………………………102
- 国民服…………………………57
- 心の豊かさ…………………4, 92
- コストパフォーマンス………92
- コスプレブーム………………68
- 個性……………………………53
- 個体距離………………………43
- コンセプト…………………96, 97

さ

- ザイアンス……………………33
- 再購入意向……………………95
- 彩度……………………………14
- 採用者カテゴリーモデル……76
- 先取りの社会化………………22
- 作業着…………………………48
- 雑貨……………………………53
- サン・キュロット……………57

し

- 自我の欲求………………………2
- 視感覚的特性…………………10
- 色彩感情………………………14
- 色彩の三属性…………………14
- 色相……………………………14
- 色相環…………………………14
- 色調生成………………………84

索　引　121

自己改善・・・・・・・・・・・・・・・・・・・87
自己概念・・・・・・・・・・・・・・・・・・・21
自己実現の欲求・・・・・・・・・・・・・2
自己評価・・・・・・・・・・・・・・・・・・・42
自己表現・・・・・・・・・・・・・・・・・・・51
自尊感情・・・・・・・・・・・・・・・・・・・23
七五三・・・・・・・・・・・・・・・・・・66, 69
質的充足・・・・・・・・・・・・・・・・4, 92
シニアショップ・・・・・・・・・・・101
シニア層・・・・・・・・・・・・・・・・・101
自分らしさ・・・・・・・・・・・・・・・102
市民の制服・・・・・・・・・・・・・・・・57
社会帰属の欲求・・・・・・・・・・・・2
社会規範・・・・・・・・・・・・・・・・・・66
社会規範の変容・・・・・・・・・・・69
社会距離・・・・・・・・・・・・・・・・・・43
社会的態度・・・・・・・・・・・・・・・・31
社会的役割・・・・・・・・・・・・・・・・58
社会的要因・・・・・・・・・・・・・・・・93
社会的欲求・・・・・・・・・・・・・・・・・1
奢侈禁止令・・・・・・・・・・・・・・・・67
周期型・・・・・・・・・・・・・・・・・・・・74
習俗・・・・・・・・・・・・・・・・・・・・・・66
集団規範・・・・・・・・・・・・・・・・・・48
羞恥説・・・・・・・・・・・・・・・・・・・・・6
習律・・・・・・・・・・・・・・・・・・・66, 67
主成分分析・・・・・・・・・・・・・・・・12
循環型・・・・・・・・・・・・・・・・・・・・74
純色・・・・・・・・・・・・・・・・・・・・・・14
情動・・・・・・・・・・・・・・・・・・・・・106
消費者心理・・・・・・・・・・・・・・・・92
消費者の購買行動・・・・・・・・・93
消費者の購買プロセス・・・・・94
商品・店舗の要因・・・・・・・・・94
情報操作理論・・・・・・・・・・・・・35
消滅期・・・・・・・・・・・・・・・・・・・・75
初期採用者・・・・・・・・・・・・・・・・76
職業的役割・・・・・・・・・・・・・・・・62
職業用制服・・・・・・・・・・・・・・・・68
女子高校生・・・・・・・・・・・・・・・・51
所属と親和の欲求・・・・・・・・・・2
触感覚的特性・・・・・・・・・・・・・10
初頭効果・・・・・・・・・・・・・・・・・・32
心身機能・・・・・・・・・・・・・・・・・107
身体イメージ・・・・・・・・・・・・・24
身体カセクシス・・・・・・・・・・・24
身体言語・・・・・・・・・・・・・・・・・・30
身体像・・・・・・・・・・・・・・・・・・・・24
身体変工・・・・・・・・・・・・・・・・・・84
身体保護説・・・・・・・・・・・・・・・・・6
審美的欲求・・・・・・・・・・・・・・・・2

心理的快適性・・・・・・・・・・・・・55
心理的要因・・・・・・・・・・・・・・・・93

す

衰退期・・・・・・・・・・・・・・・・・・・・75
数量化3類・・・・・・・・・・・・・・・・26
スカート・・・・・・・・・・・・・・・・・・52
スキンケア・・・・・・・・・・・・・・・・85
スキンケア化粧品・・・・・・・・・86
ステレオタイプ・・・・・・・33, 59
スローファッション・・・・・・・54

せ

性格特性・・・・・・・・・・・・・・・・・・35
生活の質・・・・・・・・・・・・・・・・・101
成熟型消費社会・・・・・・・・・・・79
成熟期・・・・・・・・・・・・・・・・・・・・75
静態的社会・・・・・・・・・・・・・・・・78
成長型消費社会・・・・・・・・・・・79
成長期・・・・・・・・・・・・・・・・・・・・75
成長欲求・・・・・・・・・・・・・・・・・・・3
制服・・・・・・・・・・・・・・・・・・48, 62
制服規制・・・・・・・・・・・・・・・・・・52
制服行動・・・・・・・・・・・・・・・・・・49
制服着装行動・・・・・・・・・・・・・49
制服デザインの要素・・・・・・・51
性役割・・・・・・・・・・・・・・・・・・・・59
生理的快適性・・・・・・・・・・・・・55
生理的欲求・・・・・・・・・・・・・・・・・1
生理反応・・・・・・・・・・・・・・・・・・11
石油ショック・・・・・・・・・・4, 79
説得行動・・・・・・・・・・・・・・・・・・34
前期追随者・・・・・・・・・・・・・・・・76
潜在期・・・・・・・・・・・・・・・・・・・・75
染髪・・・・・・・・・・・・・・・・・・・・・・68

そ

相関係数・・・・・・・・・・・・・・13, 26
装飾説・・・・・・・・・・・・・・・・・・・・・6
ソーシャルネットワーキング
　サービス・・・・・・・・・・・・・・・・79
ソマー・・・・・・・・・・・・・・・・・・・・43
ソロモン・エリオット・
　アッシュ・・・・・・・・・・・・・・・・32
尊敬と承認の欲求・・・・・・・・・・2

た

ターゲット・・・・・・・・・・・・・・・・96
第一印象・・・・・・・・・・・・・32, 38
対人距離・・・・・・・・・・・・・43, 45
対人知覚・・・・・・・・・・・・・・・・・・32

対人認知・・・・・・・・・・・・・・・・・・31
対人魅力・・・・・・・・・・・・・・・・・・34
態度・・・・・・・・・・・・・・・・・・・・・・35
態度の変容・・・・・・・・・・・・・・・・35
大量生産・・・・・・・・・・・・・・・・・109
他者評価・・・・・・・・・・・・・・・・・・42
達成役割・・・・・・・・・・・・・・・・・・58
男子高校生・・・・・・・・・・・・・・・・51
単純接触効果・・・・・・・・・・・・・33
暖色・・・・・・・・・・・・・・・・・・・・・・14

ち

知識への欲求・・・・・・・・・・・・・・2
遅滞者・・・・・・・・・・・・・・・・・・・・77
着装感情・・・・・・・・・・・・・・・・・・54
着装実験・・・・・・・・・・・・・・・・・104
着装場面と感情・・・・・・・・・・・17
中性色・・・・・・・・・・・・・・・・・・・・14
聴感覚的特性・・・・・・・・・・・・・10

て

デイケア・・・・・・・・・・・・・・・・・102
デイケア高齢者・・・・・103, 104
TPO・・・・・・・・・・・・・・・・・・・・・31
テキストマイニング・・・・・・・52
デモグラフィック属性・・・・・30

と

動機づけ・・・・・・・・・・・・・・・・・・・5
動機の本能説・・・・・・・・・・・・・・6
動態的社会・・・・・・・・・・・・・・・・78
同調行動・・・・・・・・・・・・・・・・・・34
トーン・・・・・・・・・・・・・・・・・・・・14
塗彩・・・・・・・・・・・・・・・・・・・・・・85

な

なわばり・・・・・・・・・・・・・・・・・・47

に

2次的動機・・・・・・・・・・・・・・・・・5
2次的欲求・・・・・・・・・・・・・・・・・1
ニュールック・・・・・・・・・・・・・57
人形によるモデル実験・・・・・40
認知的不協和理論・・・・・・・・・22

ね

寝たきり・・・・・・・・・・・・・・・・・101
年齢的役割・・・・・・・・・・・・・・・・62

の

ノンバーバル・コミュニケー

ション‥‥‥‥‥‥‥30, 48

は
パーソナルカラー‥‥‥‥20
パーソナルスペース‥‥‥40, 43
バーバル・コミュニケーション‥‥‥‥‥‥‥‥30
場違い感‥‥‥‥‥‥‥‥40
発生期‥‥‥‥‥‥‥‥‥75
晴れ着用浴衣‥‥‥‥‥‥54
ハロー効果‥‥‥‥‥‥‥32

ひ
before・after‥‥‥‥‥104
BSRI‥‥‥‥‥‥‥‥‥60
髭‥‥‥‥‥‥‥‥‥‥‥68
非言語情報伝達‥‥‥‥‥30
ビジネスウエア‥‥‥‥‥62
左前‥‥‥‥‥‥‥‥‥‥67
標準BMI‥‥‥‥‥‥‥49
標準服‥‥‥‥‥‥‥‥‥57

ふ
ファイブステージ・モデル‥‥94
ファストファッション‥‥109
ファスト・ファッション系ブランド‥‥‥‥‥‥‥105
ファッション‥‥‥‥74, 101
ファッションショー‥‥‥102
ファッションセラピー‥‥‥‥‥24, 102, 109
ファッションの変遷‥‥‥79
ファッション療法‥‥‥‥24
ブーム‥‥‥‥‥‥‥‥‥74
フォーマルな服装‥‥‥‥39
普及型‥‥‥‥‥‥‥‥‥74
服装と場‥‥‥‥‥‥‥‥39
服装の格の変化‥‥‥‥‥70
服装の場違い感‥‥‥‥‥41
賦香率‥‥‥‥‥‥‥‥‥87
物体言語‥‥‥‥‥‥‥‥30
物的消費‥‥‥‥‥‥‥‥97
付与役割‥‥‥‥‥‥‥‥58
フランス革命‥‥‥‥‥‥57
ブランド‥‥‥‥‥‥‥‥96
ブランドの心理的効用‥‥96
ブランドロイヤルティ‥‥96
フリマアプリ‥‥‥‥‥100
プレイ段階‥‥‥‥‥‥‥21
フレームワーク‥‥‥‥‥94
フレグランス化粧品‥‥‥86

プレプレイ段階‥‥‥‥‥21

へ
ヘアケア‥‥‥‥‥‥‥‥85
ベムの性役割尺度‥‥‥‥59
変身願望‥‥‥‥‥‥‥‥87
変動型‥‥‥‥‥‥‥‥‥74

ほ
法律‥‥‥‥‥‥‥‥66, 67
ポジショニングマップ‥‥53
ボタン‥‥‥‥‥‥‥‥‥52
ボディイメージ‥‥‥‥‥24
ボディカセクシス‥‥‥‥24
ボディケア化粧品‥‥‥‥86
ボディ・マス・インデックス（BMI）‥‥‥‥‥29

ま
マーケティング‥‥‥95, 96
マスコミュニケーション活動‥‥‥‥‥‥‥‥79
マズローの欲求の分類‥‥‥2
マズローの欲求の理論‥‥49
魔除け説‥‥‥‥‥‥‥‥6

み
右前‥‥‥‥‥‥‥‥‥‥67
水着の変遷‥‥‥‥‥‥‥67
密接距離‥‥‥‥‥‥‥‥43
ミニ・ファッションショー‥‥103
ミニ・ファッションショー体験‥‥‥‥‥‥‥‥104
身分制度‥‥‥‥‥‥‥‥57

む
ムーア‥‥‥‥‥‥‥‥‥77
無彩色‥‥‥‥‥‥‥‥‥14

め
メイクアップ‥‥‥‥‥‥85
メイクアップ化粧品‥‥‥86
明度‥‥‥‥‥‥‥‥‥‥14
メラビアン‥‥‥‥‥‥‥30

も
毛髪用化粧品‥‥‥‥‥‥86
モード‥‥‥‥‥‥‥‥‥74
物の豊かさ‥‥‥‥‥‥4, 92

や
役割葛藤‥‥‥‥‥‥‥‥58
役割期待‥‥‥‥‥‥‥‥58
役割行動‥‥‥‥‥‥‥‥58
役割取得‥‥‥‥‥‥‥‥22
役割遂行‥‥‥‥‥‥‥‥58
役割知覚‥‥‥‥‥‥‥‥58

ゆ
有彩色‥‥‥‥‥‥‥‥‥14
浴衣‥‥‥‥‥‥‥‥‥‥54
ユニフォーム‥‥‥‥‥‥62

よ
洋装‥‥‥‥‥‥‥‥‥‥70
装い体験‥‥‥‥‥‥‥106
欲求‥‥‥‥‥‥‥‥‥‥1
欲求の階層理論‥‥‥‥‥2

ら
ライフスタイル‥‥‥79, 92
ラガード‥‥‥‥‥‥‥‥77
ラグジュアリーブランド‥‥96

り
リクルートスーツ‥‥‥‥48
理想的自己‥‥‥‥‥‥‥22
理想的身体像‥‥‥‥‥‥24
流行‥‥‥‥‥‥‥‥‥‥74
流行採用の動機‥‥‥‥‥77
流行の展開過程‥‥‥‥‥75
量的充足‥‥‥‥‥‥‥4, 92

る
類似性効果‥‥‥‥‥‥‥34

れ
レイトマジョリティ‥‥‥76

ろ
ロイヤルティ‥‥‥‥‥‥97
ロジャース‥‥‥‥‥‥‥76

わ
和装‥‥‥‥‥‥‥‥‥‥70

執筆者紹介

編著者

小林　茂雄　（こばやし　しげお）
　　　共立女子大学名誉教授　工学博士
　　　信州大学繊維学部卒業，通産省繊維高分子材料研究所・性能設計研究室長を経て，共立女子大学家政学部被服学科に転職，家政学部長，家政学研究科長を経て退職，現在，衣料管理協会会長など
　　　　主な著書：「センソリー・エバリュエーション」（共著，垣内出版）
　　　　　　　　　「装いの心理」（単著，アイ・ケイコーポレーション）
　　　　　　　　　「被服心理学」（分担執筆，繊維機械学会）他

藤田　雅夫　（ふじた　まさお）
　　　共立女子大学家政学部被服学科教授
　　　明治大学商学部卒業，株式会社クラシエファッション研究所(旧カネボウファッション研究所)代表取締役所長を経て，現職
　　　　主な著書：「衣生活の科学」（分担執筆，アイ・ケイコーポレーション）
　　　　　　　　　「被服学事典」（分担執筆，朝倉書店）
　　　　　　　　　「衣服の百科事典」（分担執筆，丸善）他

執筆者

内田　直子　（うちだ　なおこ）　　担当：5,8章
　　　大妻女子大学家政学部被服学科准教授　博士(学術)
　　　共立女子大学大学院家政学研究科人間生活学専攻　博士後期課程修了
　　　学習院女子短期大学助手，学習院女子大学　非常勤講師
　　　夙川学院短期大学家政学科准教授を経て，現職

孫　　珠熙　（そん　じゅひ）　担当：6,12章
　　　富山大学人間発達科学部人間環境システム学科准教授　博士(学術)
　　　奈良女子大学(院)修士・博士課程修了
　　　日本学術振興会／特別研究員(PD)，㈱新世界百貨店商品本部首席デザイナー，尚絅大学短期大学部准教授を経て，現職

内藤　章江　（ないとう　あきえ）　　担当：2,4章
　　　お茶の水女子大学 グローバルリーダーシップ研究所特任講師　博士(学術)
　　　共立女子大学大学院家政学研究科人間生活学専攻　博士後期課程修了
　　　椙山学園大学生活環境デザイン学科助手を経て，現職

（五十音順）

装いの心理と行動
被服心理学へのいざない

初版発行	2017年4月25日
2版発行	2018年9月25日
2版2刷	2019年9月25日

編著者Ⓒ　小林　茂雄
　　　　　藤田　雅夫

発行者　　森田　富子
発行所　　株式会社 アイ・ケイ コーポレーション
　　　　　東京都葛飾区西新小岩 4-37-16
　　　　　メゾンドール I&K ／〒124-0025
　　　　　　Tel 03-5654-3722（営業）
　　　　　　Fax 03-5654-3720

表紙デザイン　㈱エナグ　渡部晶子
組版　㈲ぷりんてぃあ第二／印刷所　モリモト印刷㈱

ISBN978-4-87492-348-1 C3077